Reader Takes All.

我的人生很希臘
All Greek.

12
Net and Books

閱讀是一種飲食，我們對待均衡飲食的兩種方法

第一，從每本書的主題，來提供均衡飲食

閱讀，如同飲食，可以分成四種。

1 是爲了知識的需求。很像可以吃飽的主食。
（企管、理財、心理、學習電腦與語言等等）

2 是爲了思想的需求。很像有點昂貴的美食。
（文學、哲學、歷史、藝術等等）

3 是爲了參考閱讀的工具需求。很像可以幫助消化的蔬菜水果。
（字典、百科全書等等）

4 是爲了消遣需求。很像追求口感的甜食。
（休閒、漫畫、推理等等）

網路與書Net and Books，從每次的選題上提供讀者均衡的選擇。
（我們出版過的書目，請參見本書166- 167頁）

第二，從每本書的內容組合，來提供均衡飲食

我們不只從書的主題來提供不同的飲食種類，我們也從每一本書裡
的內容，來提供均衡的內容組合。

在我們每一本書裡，都會有以下的重要內容成分：

1 有關這個主題的歷史，以及中外大事Map（像是美食）

2 有關這個主題應該掌握的知識（像是主食）

3 有關這個主題應該閱讀的50本書，與相關網站（像是蔬果）

4 有關這個主題好玩的人物，或地點，或掌故（像是甜食）

我們希望在每一本書裡，讀者都能享受到飲食的均衡。

閱讀的飲食，要從種類上均衡，也要從內容上均衡。

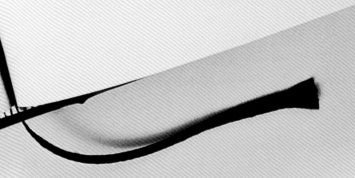

Net
and
Books

我的人生很希臘
All Greek.

文—郝明義

有句英文說："It's all Greek to me." 可以譯為：「我搞不懂這是什麼意思。」

希臘文化可以說是西方文明的起始。但是演變到今天，卻成了連西方人也覺得深奧莫測的代名詞。對於東方人來說，那不是更加頭痛的一個代名詞？

◎

但是，深奧難測的希臘，也是跟我們生活關係最密切的希臘。我們生活裡所想的，所用的，太多東西都是來自希臘的起源。（請參考本書第10頁〈你不可不知的40個希臘〉）

所以，"It's all Greek to me." 倒也可以從字面上直譯：「對我來說，這都是希臘來的。」

All Greek. 是很難懂，也是很希臘。

◎

我們琅琅上口地說了一百多年的「中學為體，西學為用」之後，正如歷史學家黃仁宇所說，驀然回首，其實今天的真實情況已經是「西學為體，中學為用」。

這麼說來，我們出版這一本《我的人生很希臘》，有兩個理由。一個是如同任何地方的人，把代表「看不懂」的希臘能解說清楚一點；另一個理由，則是特別針對一個「西學為體，中學為用」世界裡的人，把希臘這個西學的起源地解說得再清楚一點。

◎

柏拉圖的《理想國》裡，有一段很有名的寓言。

洞穴裡有一些人面壁而坐，腿腳和脖子都被鎖鏈綁著，因此身體動彈不得，連頭也不能回。他們的身後，燒著火堆，火堆前面有些東西在舞動，被火光照出影子，投射到那些被鎖鏈固定的人面前的洞壁上。這些人日復一日，只能看著映在前面壁上的影子。他們以為這就是世界的全部。

有一天，有人解開了他們的鎖鏈，他們才慢慢走出山洞，看到外面的世界，看到真正的光線——陽光。但這是非常不適應的一個過程，而他們再回到山洞，把自己看到的景致告訴那些仍然在盯著壁上影子的人，那些人也聽不進去。

柏拉圖是把真理比喻為光線，那些走出山洞的人和被綑綁的人，則比喻為掌握到真理和沒掌握真理的人。

◎

現在我們要為讀者介紹這麼無所不在，又這麼深奧難解的希臘，一下子想起了柏拉圖的

這個寓言。

因此我們要提醒讀者，這本書裡所舞動的，可能不過是一些火光中的影子。但這些火光中的影子的目的，不是爲了取代眞正的陽光，相反地，是爲了勾動讀者起身去尋找那眞正的陽光。

讀者一旦要自行動身去了解希臘精神，尤其是希臘哲學的瑰寶，將會另有一段崎嶇、不適應的路程，但也將別有收穫。

因此最後我們還是要拿《理想國》裡的一段話與大家共勉：

「當某個人喜愛某樣東西時，他喜愛的是這樣東西的全部，還是喜愛它的某個部分而不喜愛它的其他部分？」

「全部。」

「那麼我們也要肯定，智慧的愛好者熱愛全部智慧，而不是愛一部分智慧而不愛其他部分智慧。」

「沒錯。」

當我們在享受希臘帶給我們這麼多層面的人生時，一定不能忘了要不惜多花點時間，注意是否遺漏了他們的什麼──尤其是屬於他們留傳下來的智慧的那個部分。　■

Net and Books 網路與書 12
我的人生很希臘

經營顧問：Peter Weidhaas　陳原　沈昌文
　　　　　陳萬雄　朱邦復　高信疆
發行人：郝明義
策劃指導：楊渡
主編：黃秀如
本輯責任編輯：蔡佳珊
編輯：藍嘉俊‧冼懿穎‧葉原宏‧傅凌
網站編輯：莊琬華
北京地區策劃：于奇‧徐淑卿
美術指導：張士勇
美術編輯：倪孟慧‧張碧倫
攝影指導：何經泰
企畫副理：鍾亨利
行政兼讀者服務：塗思眞
法律顧問：全理法律事務所董安丹律師

出版者：英屬蓋曼群島商網路與書股份有限公司台灣分公司
台北市南京東路四段25號10樓之1
TEL：(02)2546-7799
FAX：(02)2545-2951
email：help@netandbooks.com
網址：http://www.netandbooks.com
郵撥帳號：19542850
戶名：英屬蓋曼群島商網路與書股份有限公司台灣分公司

總經銷：大和書報圖書股份有限公司
地址：台北縣新莊市五工五路2號
TEL：886-2-8990-2588
FAX：886-2-2290-1658
製版：瑞豐實業股份有限公司
印刷：詠豐印刷股份有限公司
初版一刷：2004年8月
定價：台灣地區280元

Net and Books No.12
All Greek.
Copyright @2004 by Net and Books
Advisors: Peter Weidhaas　Chen Yuan
　　　　　　Shen Chang Wen　Chan Man Hung
　　　　　　Chu Bang Fu　Gao Xin Jiang
Publisher: Rex How
Editorial Director: Yang Tu
Chief Editor: Huang Shiou-ru
Executive Editor: Julia Tsai
Editors: Chia-Chun Lan‧Winifred Sin‧Yeh Yuan-Hung‧Fu Ling
Website Editor: Lucienna Chuang
Managing Editor in Beijing: Yu Qi‧Hsu Shu-Ching
Art Director: Zhang Shi Yung
Photography Director: He Jing Tai
Marketing Assistant Manager: Henry Chung
Administration: Jane Tu
Net and Books Co. Ltd. Taiwan Branch（Cayman Islands）
10F-1, 25, Section 4, Nanking East Road, Taipei, Taiwan
TEL: +886-2-2546-7799　　　　　**FAX:** +886-2-2545-2951
Email: help@netandbooks.com　　http://www.netandbooks.com

本書之出版，感謝永豐餘、CP1897網上書店、英資達參與贊助。

CONTENTS 封面繪圖：BO2
目錄

70

Part 1
Origin
源起

40個你不可不知的希臘

為什麼要談希臘？藍天白屋
的風景畫對於工作忙碌的你
像遙遠的夢，而古希臘那些
莫測高深的哲學歷史又與你
何干。但是請仔細看看以下
四十個你不可不知的希臘，
你將驚訝地發現：原來，希
臘的影子無所不在！

文—蔡佳珊、藍寧仕
繪圖—BO2

A 生活類

1. 葡萄酒

　　葡萄酒起源於高加索地區或埃及仍眾說紛紜，但最早大規模種植釀造並經由海運貿易葡萄酒的國家，無庸置疑正是希臘人。酒神戴奧尼索斯（Dionysus）不只是希臘人創造的神話，希臘人對酒神讚歌的戲劇與文化，更是今天所有人類共同的遺產。

2. 很暢銷的那個運動品牌的名字

　　由籃球大帝喬登所推廣到全世界的運動品牌NIKE，是希臘勝利女神的名字。這位女神活力充沛，時常揮動一雙健美的翅膀，飛到凡間為戰勝者加冕。NIKE商標的勾狀標誌Swoosh，即是象徵勝利女神翅膀的俐落線條。

3. 奧林匹克運動會

　　每四年，奧運會都要牽動全世界人的神經。奧運會起源於古希臘人對天神宙斯的祭典，最早的紀錄在公元前776年。奧運精神象徵著力與美、身體與意志、和平與友誼全面的結合。羅馬皇帝信仰基督後，要消滅異教，於公元392年下令停辦。一直過了一千五百年之後，雅典才重燃聖火，此後每四年由不同國家輪流舉辦，成為盛大的世界性運動會。從古至今，奧運會的存在始終提醒著人們：在起跑線上，每個人都有同等的機會獲致成功。

4. 吃素其來有自

　　古希臘許多偉大的智者包括蘇格拉底、柏拉圖和畢達哥拉斯，都是素食主義者。在《理想國》一書中，蘇格拉底描述理想國的人民因吃素而活得健康長壽，他們的子孫也延續素食的好習慣而過著太平日子。

5. 玩具娃娃

　　2004雅典奧運吉祥物：智慧之神雅典娜（Athena）與光明、音樂之神費沃斯（Phevos），這兩個娃娃的奇特造型，靈感來自於希臘出土的陶偶，年代約為公元前七世紀，可能是世上最古老的玩具娃娃。玩偶的雙腿以繩索與身體相連，因此腿可以擺動。

6. 馬拉松長跑

　　希波戰爭中，雅典與波斯雙方在一處叫作馬拉松（Marathon）的平原激戰，結果希臘大獲全勝。一名希臘傳令兵菲力迪皮斯（Pheidipides）為了通知雅典戰勝的消息，狂奔了四十幾公里，抵城後高呼：「我們勝利了！」

便倒地而死。為了紀念這場勝仗和菲力迪皮斯，奧運會便設立了馬拉松長跑項目，現今全長為42.195公里。

7.橄欖油

傳說雅典娜女神因為賜與人民一項最珍貴的禮物——橄欖樹，打敗海神波賽東而成為雅典的守護神。營養豐富又不含膽固醇的橄欖油一直是希臘人健康長壽的妙方。古希臘人也用橄欖油來保養肌膚，當時奧運選手皆全身塗敷橄欖油以防日曬並展示肌肉光澤。迄今，希臘仍是全球橄欖油用量最多的國家。並且，越來越多其他國家的人也愛用橄欖油。

8.廚師帽

西餐廳裡廚師的白帽子，也和希臘有關。中世紀時法國的廚師逃到希臘神廟中棲身，戴上僧侶的高帽子偽裝自己，僧侶戴的是黑色帽，而偽裝者戴的是灰色。之後便流傳下來，後來為配合白色制服而將帽子顏色改為白色。

9.劇場與戲劇

古希臘人熱愛戲劇，看戲是生活中不可或缺的事情。位於雅典的戴奧尼索斯劇場是世界上最古老的劇院之一，於公元前六世紀首建。在古希臘幾乎每個城市都有自己的地方劇院，並定期舉辦戲劇節和戲劇比賽，所有人民皆可入場看戲，對於窮人，政府甚至還給予戲票補助。今天進了大劇場、小劇場，都不應該忘了希臘人。

10.男子髮型

現代男子的短髮髮型和刮鬍的習慣，源自亞歷山大軍隊中的士兵造型，留短髮和剃去鬍子是為了避免被敵人抓住毛髮而遭割喉。所以民國建立，中國人剪去辮子之後，大家留的都是希臘髮型。

11.音樂理論基礎

在古希臘，數學和音樂有著密不可分的關係。數學家畢達哥拉斯所提出的音律和音階，訂立了現今音樂理論的基礎，故又有「音樂之父」的美名。希臘人也很早就知道使用文字和符號創作樂譜。

12.結合力與美的雕刻藝術

古希臘的著名雕像如凝結運動一瞬間的「擲鐵餅者」、振翅欲飛的「勝利女神像」，都是蓄滿能量的完美傑作。古印度的犍陀羅風格佛像，即是希臘雕像風格流行到東方後，與佛教藝術相互融合之後所形成，此風格的佛像濃眉大眼、鼻梁高挺，長得比較像希臘人而非印度人。

C 政治與社會類

25. 民主與投票

西方最早實施民主制度的就是雅典城邦。每個雅典公民都有權利對政府的決議進行表決（奴隸、女性和外僑除外）。年滿二十歲的男性即可加入公民大會，享有選舉權、被選舉權和發言權。被選上的政府官員若行為出現任何瑕疵，隨時可能被罷免官職甚至懲罰。雖然希臘的民主和今天我們所熟知的民主有所出入，但已經是源頭。中國人到五四才開始重視「德謨克拉西」也就是「德先生」，更應該詳加了解希臘在這方面的起源。

26. 公共廣場與言論自由

今天我們城市裡的「廣場」概念，最早出現於古希臘的雅典城邦。雅典人稱之為Agora的廣場，四周圍繞著神廟、商店與市政廳，是政府宣布市政之處，平時公民們也可以在此聚眾任意談論時事與哲學。蘇格拉底就是在這些廣場上，透過與別人的交談、辯論，而傳下他的智慧。

27. 帝國之說

公元前四世紀，自馬其頓崛起的亞歷山大大帝憑著過人的膽識與謀略東征西討，消滅了強大的波斯，建立了史無前例的橫跨歐、亞、非三洲的大帝國。他雖然只活到三十三歲便英年早逝，死後不久帝國也迅速分裂，但從此人類對「帝國」（Empire）規模的想像，提升到另一個不同的層次。

D 思想、教育與文化類

28. 學校的原型

今天我們所使用的School（學校）一詞，就是來自希臘文。只不過希臘文原文中，這個字帶有「閒暇」的意思，倒是目前功課越來越重的學校所遺忘了的。此外，畢達哥拉斯學派的學生必須經歷的三個階段，類似今日的學士、碩士和博士。柏拉圖於公元前387年在雅典所創立的Academy學院，有志者從事學術研究、自由辯論，更是西方高等教育的前驅。

29. 人文思想

古希臘曾經有過漫長的、以神話思想為主的時代。後來，希臘人開始切斷神人同形的思想，回歸到一切以人為主的思想階段，到了公元前第五世紀左右，蘇格拉底的時代，人文思想達到了高峰。與蘇格拉底同時的另一位哲學家普羅塔哥拉（Protagoras），留下了一句最有

代表性的名言：「人是萬物的尺度。」到十四世紀，歐洲人受夠了基督教信仰一切以神爲中心的宇宙觀，而要改回到以人爲中心的人文思想時，理所當然地希臘就成了他們要文藝復興的標的。

　　就許多層面來說，中國文化裡雖然一直不缺人文思想，但是古希臘的人文思想中有中國沒有的兩點：一是希臘人認爲群體乃由個人組成，因此個人的自由與尊嚴必須被重視。西方傳統中的個人主義源頭即是在此。二是個人的思想裡，必須有嚴密的論證與思辨基礎，也就是以「邏輯」爲後盾的理性。

30. 犬儒主義

　　以人爲中心的人文思想，激起了另一種反動。蘇格拉底學生之一的安提西尼（Antisthenes），認爲人追求太多事情都是虛幻的，造成破壞的，因而主張鄙視名利，回歸自然，一切越簡單越好，最好「像狗一樣活著」，是爲「犬儒」（Cynicism）之說的由來。這一派最有代表性的人物是第歐根尼（Diogenes），據說亞歷山大大帝慕名前來拜訪，問他需要什麼的時候，衣衫襤褸地住在木桶裡的第歐根尼回答，「只希望你閃一邊去，不要擋到我的陽光。」

31. 享樂主義

　　公元前第四世紀的希臘哲學家伊壁鳩魯（Epicurus），主張「快樂就是目的」，所以每個人都應該正視心中的欲望，追求物質和精神上的最大快樂，並隨時檢視追求快樂的行動是否能獲致並維持最長久的快樂。尤其他還把「快樂就是目的」與自然哲學相結合，所以除了進一步發展原子論之外，還強調了對人的感官的分析與掌握。

32. 母音字母

　　早期希臘人使用的文字，後來失傳。今天我們所知道的希臘文字，大約是從公元前八世紀，由希臘人向腓尼基人借用他們的字母來發展的。但希臘人對文字最大的貢獻，是新加了過去所沒有的母音字母，使由希臘文而拉丁文而其他西方語文的系統，有了一個基礎。

33. 吃不到葡萄說葡萄酸

　　古希臘寓言家伊索說過一則〈狐狸與葡萄〉的故事：狐狸因搆不著葡萄，氣憤之餘便阿Q地自我安慰說：「沒關係，反正那葡萄還是酸的。」時至今日，「酸葡萄」一詞運用廣泛，舉凡自欺欺人或見不得人家好的時候，我們不要忘了這個希臘寓言裡的智慧。

34. 圖書館與博物館

歷史上的首座規模龐大的公共圖書館，出現於公元前三世紀的亞歷山大城。托勒密諸王爲了學者研究方便，而創建了亞歷山大圖書館。館中書卷皆系統性地分門別類，是當今圖書館學的先驅。亞歷山大城的博物館，也是各地研究科學的人都要來使用的地方。圖書館與博物館，吸引、聚集了許多著名的希臘學者，包括歐幾里德、希波克拉底、阿基米德等人，因而成爲一個都市人文薈萃的象徵。

35. 最古老的小說

公元二世紀，西方第一本小說出現了——《阿普留斯變形記》。這本小說的主角從人變成了一隻金驢，變身之後所遭遇的奇詭情節，充分展現小說家無垠的想像力。

E 科學類

36. 科學與科技之始

古希臘人很早就開始思索組成宇宙的元素，並提出了「原子」的概念與說法。至於對科技的挑戰，也很早就出現在希臘。每當你進7-11的時候，可知道兩千年前就有自動門的發明？公元一世紀亞歷山大城的數學家赫倫（Heron）所留下的論文，就記載了許多他發明的精巧機械，包括神廟的自動門、蒸汽機、里程計等等。

37. 數學之始

古希臘的數學成就輝煌，從公元前七世紀泰勒斯（Thales）引入命題證明的思想之後，嚴密的數學理論體系逐漸成形。著名的畢氏定理：$a^2+b^2=c^2$——直角三角形兩短邊的平方合等於斜邊長的平方，則是在前六世紀由畢達哥拉斯提出，他主張「數是萬物的本源」，也是最早認爲地球是個圓球的人。前四世紀歐幾里德所著的《幾何原本》則集前人之大成，用公理方法建立起最早的演繹體系。

38. 科學醫學與醫學倫理

古希臘很早就以科學方式來探討疾病的成因與療法，重視醫學倫理的觀念也走在時代前端。被尊稱爲醫學之父的希波克拉底（Hippocrates）所寫的行醫誓詞強調正直的行醫準則與人道關懷，在兩千三百年後的今日，仍被醫學界奉爲圭臬，所有醫學生入學時皆須以此誓詞宣誓。

39. 經緯線測度地球的方法

公元前二世紀，古希臘學者埃拉托色尼（Eratosthenes）首先算出地球的曲率和周長，

並將經緯線標示在地圖上。之後的學者托勒密（Claudius Ptolemy）也在其著作《地理學》中詳細描繪了多幅標明經緯線的地圖。

40. 槓桿原理

公元前三世紀偉大的數學家和物理學家阿基米德，發現槓桿原理時，留下了流傳千古的豪語：「給我一個支點，我就可以舉起這個地球！」阿基米德也曾經在澡盆裡頓悟以浮力原理檢驗皇冠是否純金的方法。當時他興奮地裸奔到街上，大叫：「Eureka！Eureka！（我想到了！）」所以，裸奔也可以說是和希臘人有關係。　■

這個字來自希臘

1. 民主Democracy的希臘文是由demos（群眾）與kratos（治理）所組成，故民主就是「多數治理」之意。
2. phil（熱愛）+sophia（智慧）= Philosophy（哲學）。同理，biblio（書）加上phile（熱愛者）= Bibliophile（藏書家或戀書狂）。
3. 科學Science的字源是sciens（分辨），意即科學就是窮究事理的學問。
4. 古希臘學者泰勒斯最早發現琥珀有摩擦生電的現象，因此Electricity（電）的字源electron即是琥珀之意。
5. 長途冒險旅行的英文字Odyssey，來自於荷馬史詩《奧德賽》故事中的奧德修斯（Odysseus）漫長的歷險返鄉之旅。
6. 自戀Narcissism這個字來自希臘神話中愛上自己水中倒影的納西瑟斯（Narcissus），他最後變成了一朵水仙花。故水仙花學名*Narcissus tazetta*亦源自於此。
7. 古希臘哲人為了解婆娑世界中的不變道理，主張所有物質都有不生不滅的最小單位，亦即原子（Atom），意思是「不可再分割的」。原子的排列組合千變萬化，構成了自然與萬物。
8. 音樂Music源出希臘文形容詞mousike，意為屬於繆斯（The Muses）的。繆斯女神共有九位，分別主管各項文學與藝術之事。
9. 博物館Museum一字也來自於古希臘人崇奉繆斯的神廟mouseion。公元前三世紀，托勒密一世在亞歷山大城創建了規模龐大的博學院（The Museum of Alexandria），聚集許多優秀學者從事研究和教育，並且藏有許多藝術品和圖書，是今日博物館的前身。
10. 生態學Ecology一字源自於eco及logy。eco源於希臘字oikos，意即「我們的家」，因此Ecology的意思就是：研究我們的家。
11. 特洛伊城的第一勇將海克特Hector，光聽到他的名字就可以嚇唬人，於是英文就將Hector用來表示恫嚇、威脅之意。
12. 第一頸椎寰椎Atlas，原來是希臘神話之中遭宙斯處罰以肩膀扛天的巨人Atlas的名字，第一頸椎支撐人的頭部，就像Atlas撐著天空一樣。
13. 希臘神話中醫藥之神阿斯克力皮爾斯Asclepius的名字，今人用以比喻醫術高超的醫生。
14. 恐龍Dinosaur，是希臘文deinos（可怕的）與sauros（蜥蜴）的組合。
15. 用以形容美麗壞女人的英文字Siren，典故出自《奧德賽》故事中以美貌和歌聲誘惑水手而使其遇難的女海妖。
16. 在希臘文中，geo是地球，graph是描寫，合起來的Geography（地理學），就是指地球表面分布的情形。
17. 災難Disaster就是dis（逆）加上aster（星），希臘文字根aster或astr是星星之意。
18. 宇宙Cosmos源自於希臘文kosmos，意思是「秩序」。化妝品Cosmetics也源於cosmo字根，意思就是——可以把臉弄得「有秩序」的東西。
19. 彗星Comet源於希臘文kometes（有長毛的）。
20. 犀牛Rhinoceros源於希臘文rhinos（鼻子）和keras（角），鼻子長角的動物當然非犀牛莫屬囉。
21. 心理學Psychology意為研究心靈的學問，psyche字根源於希臘神話中小愛神愛樂愛上了女子賽姬（Psyche），「愛」與「心靈」歷經互相尋找的艱辛歷程後，最後有情人終成眷屬。（蔡佳珊）　■

MAPS：希臘歷史分鏡

文—編輯部

威尼斯

威尼斯：
十三世紀時，
隨著將十字軍運
往東方海域的
功用，而迅速崛
起，成為與東方貿
易的轉運中心，繼而成
為地中海的一個強權。等到
十五世紀中，拜占庭為鄂圖曼
人所滅之後，威尼斯人曾
長期與鄂圖曼人為希
臘的主權相爭。

多利安人
多利安人來自希臘北方，可能是
黑海地區的方向。他們滅掉邁錫
尼文明後，使愛琴海地區陷入長
達四百年的黑暗時代

佛羅倫斯

佛羅倫斯：
文藝復興的起源地。由
於十字軍東征，從拜占
庭與阿拉伯世界帶回大
量希臘過去的文明遺
產，讓歐洲人重新認識
這個早已為自己所遺忘
的文明。到公元十四世
紀左右，在佛羅倫斯興
起文藝復興運動，人文
思想重新在歐洲萌芽。

羅馬

馬其頓

希臘

馬其頓：
腓利二世繼位為馬其頓
國王後，打敗希臘聯盟
軍隊，成為希臘城邦盟
主。亞歷山大繼位後，
首先平定內亂，繼而開
始遠征波斯、埃及、印
度，成立一個橫跨歐亞
非的大帝國。亞歷山大
死後，馬其頓再獨立為
一個王國。

底比斯

雅典

邁錫尼

斯巴達

羅馬：
今天義大利半島
南端，也曾是希臘早期
殖民地之一。雅典處於文明
顛峰的時候，羅馬還是落後地
區。公元前168年，馬其頓王國被
羅馬征服，希臘開始進入接受羅
馬統治的階段。羅馬雖然是征服
者，但是在文化上卻為希臘所同
化，一直到羅馬皇帝改信基督教
之後，希臘文化才遭到羅馬帝國
的破壞。

邁錫尼：
公元前十八世紀左右，伯羅奔尼撒半島出現邁錫尼王國。木馬
屠城記裡的阿格曼儂，即為邁錫尼之王。邁錫尼代表青銅文
明，公元前十二世紀為北方來的多利安人所滅。

伯羅奔尼撒半島：斯巴達、底比斯、雅典
伯羅奔尼撒半島加上雅典所處的這個地區，從公元前九世紀開
始，是希臘城邦時代的開展之地，是希臘對抗波斯的焦點地
區，也是後來城邦之間相互廝殺之地。到公元前四世紀末，
為北方馬其頓王國所統一。
後來在歷史上很長一段時間，希臘所代表的，
就是這伯羅奔尼撒半島的附近地區。

拜占庭：
拜占庭原為希臘人殖民地。公元323年，君士坦丁將之擴建後定為羅馬首都，形成東西羅馬之分。東羅馬帝國因之又稱為拜占庭帝國。西羅馬帝國以拉丁語為通用語，拜占庭帝國以希臘語為通用語。宗教上，西羅馬帝國以羅馬教廷為中心，拜占庭帝國則發展出東正教或稱希臘正教。

● 拜占庭

土耳其

鄂圖曼：
1453年，鄂圖曼軍隊攻陷君士坦丁堡，拜占庭帝國滅亡。希臘淪入鄂圖曼手中，開始接受長達三百六十多年的統治。十九世紀初，希臘為爭取獨立，與鄂圖曼展開長達一百年的血腥鬥爭。到二十世紀初，鄂圖曼帝國被推翻，土耳其建立。希臘和土耳其的鬥爭，仍舊繼續了很長的時間。

波斯：
波斯君主大流士一世之雄，不斷想把勢力伸進愛琴海地區，但一直為雅典所阻。後來波斯為亞歷山大所滅。

● 特洛伊

特洛伊：
西亞一直與希臘的互動密切，也因此，衝突不斷。特洛伊戰爭是歷史上最早的一個例子。而這種互相千絲萬縷、愛恨情仇夾纏的關係，其後數千年間在西亞與希臘之間不斷上演。

伊斯蘭世界：
伊斯蘭世界雖然與拜占庭帝國不斷兵戎相見，但是由於宗教上對異教的容忍度還比較大，因此相對而言反而幫希臘文明保存了許多珍貴的遺產。

愛琴海裡的小島：
不要小看這些小島，它們在希臘歷史上占有重要位置。它們曾經是希臘的海外殖民地，也是蘇格拉底時代以前的哲學思想起源地。哲學思想是由這些小島上回傳雅典的。畢達格拉斯學派正是一個代表。

● 塞浦路斯

塞浦路斯：
這是二十世紀希臘與土耳其相爭的一個火爆焦點。塞浦路斯原屬土耳其，二戰後，先是藉由非官方性質的公民投票通過與希臘進行合併，後來又於1960年宣布獨立。塞浦路斯島上的土耳其與希臘裔人民，紛爭不斷。

● 克里特

克里特：
公元前3000年左右，邁諾安文明於此發源，是愛琴海地區最早的文明。公元前十五世紀左右，被天災加上北方來的邁錫尼人所滅。

亞歷山大城

亞歷山大城：
前331年，亞歷山大攻入埃及。他死後，部將托勒密據埃及為王。托勒密建設亞歷山大城，成為希臘化時代的一個中心。托勒密王朝一直傳到埃及豔后，為羅馬所滅。

Scene 1
邁諾安和邁錫尼文明

　　歷史像一個舞台，舞台上的主角，總是會隨著時間的演進而變換。在地中海的歷史上，早在希臘文明興

起之前，其實有一個前身，那就是愛琴海文明。

　　愛琴海文明的起點，在今天克里特島，時間，則在公元前3000年左右，略晚於兩河文明和埃及文明。由

於克里特島上的國王被稱為邁諾斯（Minos，就像埃及人稱他們的國王是「法老」一樣），所以這個文明又被

希臘
4000B.C.　　　　　　　　前2500年，克里特文明達於高峰　　　　　　　　　　　　1800B.C.　　　　　　　前1600年，邁錫尼文明開始　　1600B.C.

中國　前2600年，黃帝時代，史官倉頡造字　　　夏　　　　　　　　　　前1766年，殷商時代出現甲骨文

24　我的人生很希臘

（網路與書資料室）

一八七○年代，德國人謝里曼著迷於《伊里亞德》，要證明那不只是傳說而是歷史，著手挖掘古蹟，結果真被他發掘了邁錫尼與特洛伊遺址。其後，1889年，受到謝里曼的啟發，英國人伊凡斯去克里特島挖掘出了邁諾安文明。右圖為邁諾安文明遺址。邁諾安文明留下的動人壁畫（左圖），後人名之為「藍色女郎」（Blue Ladies）。

稱為「邁諾安文明」。邁諾安文明發展到公元前2000年左右的時候，達到一個令後人極為驚詫的高峰，不但在農業、冶金、製陶、雕塑等各方面都有輝煌的成就，更值得稱道的是他們留下來繽紛動人的繪畫，以及建築技術——他們的王宮擁有自來水，以及到十九世紀西方世界才能相比的衛浴設施。

公元前1500年左右，克里特島被一次火山與地震重創（這也可能是後來希臘神話裡亞特蘭提斯沉沒的故事之藍本）。之後，到公元前1400年左右，再被邁錫尼入侵，就徹底消失了。

邁錫尼，位於希臘本土的伯羅奔尼撒半島上，起於大約公元前1600年。當時那個半島上有許多小城鎮，小城鎮的領主（荷馬史詩中的 basileus）再稱臣於一位國王（wanax），雖然有點鬆散，但其實是一個國家的型態，和後來希臘的城邦不同。而邁錫尼就是這個國家的中心。

邁錫尼文明比邁諾安文明要尚武好戰，所以最後得以征服克里特島。但不論邁諾安文明還是邁錫尼文明，都和西亞地區保持頻繁的互動。有互動，當然就少不了摩擦。其中，尤其以公元前1250年左右，邁錫尼和特洛伊發生的戰爭，為一個高潮。只是，不久之後邁錫尼文明又被多利安人所滅，於是，領導邁錫尼的阿格曼儂，以及木馬屠城的特洛伊之戰，都只能漸漸在結合了神話與傳說的故事中為人傳頌。許多事情，要到三千多年後，到十九世紀考古學者付出努力之後，才再度被證實的確發生過，存在過。

Corbis

前1400年，克里特文明毀滅　　　　　　　　前十三世紀中葉，特洛伊戰爭　　　前十三世紀，多利安人南下，滅邁錫尼文明
　　　　　　　　　　　　　　1400B.C.　　　　　　　　　　　　　　　　　　　　　　　　　　　　　1200B.C.

商

Scene 2
黑暗時代來臨，歷史成了傳說

　　公元前1200年左右，北方的多利安人大舉南下，侵入今天希臘的本土。他們帶著鐵製的武器，滅了邁錫尼。

　　這使得希臘進入了一個長達四百年的新的階段。

　　這個階段可以從兩個方面來看。首先，邁錫尼文明遭到摧毀之後，這個地區的一切都呈現倒退的局面。

　　不要說是各種繪畫、藝術等文化層面，連製陶這種基本生活技術都退步。最嚴重的是，原先這個地區已經發

Corbis

Corbis

在邁錫尼沒有被毀滅之前，愛琴海地區已經有自己的文字。多利安人來了之後，摧毀了文字，進入一個漫長的黑暗時代。左圖為十九世紀出土、到二十世紀中葉才得以解讀的「線型文字B」，要很久之後，希臘人才再借助腓尼基字母，發明自己的文字。右圖為「阿格曼儂黃金面具」（Mask of Agamemnon），是邁錫尼國王阿格曼儂死後，依照其面貌所製成的黃金面具。

展出的文字，遭到毀滅。居住於其間的人，不只成了文盲，不只斷絕了和西亞地區的來往，更和過去的歷史徹底斷絕關係。因此，這個階段被稱之為「黑暗時代」。

然而，這個階段還可以從另一個方面來看。這個黑暗，是預告黎明之前的黑暗。邁錫尼被滅之後，王國不再，各城鎮自主的成分提高，為接下來希臘的城邦時代拉開序幕。總之，沒有文字的這四百年是很漫長的階段，長到足以讓這個地區的人把過去愛琴海文明的記憶徹底遺忘，遺忘到歷史不再存在，遺忘到過去只能與神話混合著被傳頌。

因而，神話成了他們重要的傳統，神人同形，成了他們重要的思想。也就在這個階段，不論是從北方來的多利安人，還是原來就在這個地區的一些種族，都共同接納起同一個祖先，他們都自稱為Hellen的子孫，開始建立Hellen民族，也就是希臘民族的自覺（英文的Greek，是後來羅馬人加之於希臘人的稱呼。希臘人絕不如此稱呼自己。今天希臘的護照上，也是把自己的國名寫為「Hellenic Republic」。有關Hellen，請參考本書第77頁）。

Scene 3-1
城邦出現，
兩種不同性質的戰爭

前776年，奧運會的事蹟首次見於文字的記載
前八世紀，希臘人借腓尼基字母創自己文字　　前700年，《神譜》開始流傳

800B.C.　　　　　　　　　　　　　　　　　　　700B.C.　　　　　　　　　　　　　600B.C.

前770年，春秋時代開始　　西周　　　　　　　　　　　　　　　　　　　　春秋
　　　　　　　　　　　　　　　　　　　前684年，齊桓公任用管仲為相，成為春秋時代第一位霸主

這個階段，是由前一個階段那些分散的城鎮演變成力量更強大的「城邦」（Polis）而開始的。城邦由於是這樣的基本特質，因而也就發展出在人類歷史上極為特殊的民主制度。雖然這種民主制度與我們今天所知道的民主並不相同（請參見本書第46頁），但仍足以構成希臘文明中極為儻人的一個元素。

這個階段的希臘，逐漸因為人口的增加開始出現糧食不足的問題，於是雅典等城邦開始海外殖民，重新開始與西亞中斷已久的往來。這有積極的作用，譬如希臘人借助腓尼基人的文字，加入母音元素，重新創造出希臘文字，解決了四百年沒有文字之苦。也有消極的作用，那就是和波斯產生的衝突。

公元前第五世紀，雅典人因幫助小亞細亞的人反叛波斯帝國，引起大流士的震怒，因而決定征服希臘以作為報復。希波戰爭前後開打三次，持續二十年，除了第一次是由雅典獨力應戰之外，後兩次都有各城邦的共同參與。而三次都以希臘方面的勝利告終。希波戰爭的過程，由希羅多德寫成《歷史》一書，成為西方歷史書的起點。

雅典在希波戰爭中的勝利，遏止了波斯人東進的企圖，但也膨脹了自己，造成與另一城邦斯巴達的衝突。雅典與斯巴達本來就是截然不同的兩種城邦：雅典是強於海上拓展，斯巴達則強於陸上；雅典重視民主，斯巴達重視寡頭政治；雅典的文學藝術發達，斯巴達則比較尚武粗鄙；雅典聯絡了一些城邦組成提洛同盟，斯巴達則組成拉凱戴孟同盟。因而雅典與斯巴達一旦沒有了共禦外侮的前提之後，不可避免地走向爭霸的衝突，於是爆發伯羅奔尼撒戰爭。

這場戰爭起於公元前431年，結束於前404年。最終以斯巴達勝利告終。然而勝利的斯巴達並沒有占到什麼好處，一方面是因為斯巴達在過程中曾經取得波斯的奧援，失去道德上的正當性，另一方面則是長期作戰下來，兩敗俱傷。

希臘的城邦時代，就此準備結束，等待北方另一個新興王國的統一大業到來。

Corbis

前431年，長達三十年的伯羅奔尼撒戰爭爆發

前490年，希波戰爭爆發　　前438年，巴特農神廟在雅典衛城中心建成　　　前404年，斯巴達擊敗雅典稱霸

500B.C.　　　　　　　　　　　　　　　　　　　　　　　　　**400B.C.**

戰國

前514年，齊國人孫子撰成《孫子兵法》　　　　前435年，趙、韓、魏三家分晉，揭開了七雄角逐天下的戰國時代序幕

Scene 3-2
天色昏暗中的燦爛光采

　　黑格爾說，哲學是一隻貓頭鷹，要到天色昏暗的時候才起身。對於希臘而言，也正是在城邦之間的戰爭打到難堪的時候，他們的思想與文化，卻放出最燦爛的光輝。

　　古代希臘的哲學，可以分三個階段來看。第一，是早期階段；第二，是蘇格拉底與柏拉圖的時代；第三，是亞里斯多德的時代；第四，是其後的階段。

　　早期的希臘哲學，大約發生在公元前第六世紀，地區則並不在希臘本土，而是分散於西亞及地中海一些

畢達哥拉斯（約570B.C.生）　　赫拉克列特（540-475B.C.）

800B.C.	700B.C.	600B.C.
西周		春秋

（網路與圖書資料室）

柏拉圖創立的學院，為希臘思想界的一個精華代表，歷經千年之後才被廢。左圖為文藝復興時期拉斐爾所畫的「雅典學院」（The School of Athens），匯集不同時代的學者於同一個時空。歐幾里德的《幾何原本》（Elements），是希臘人為全人類做出的偉大貢獻，右圖為1491年的一個版本。

希臘的殖民地中。這個階段最值得注目的思想發展有三點：第一，揚棄過去神人同形的思考，將人類的活動與神話區分出來，可以說是最早的人文思想，為日後柏拉圖階段的發展打下基礎；第二，提出「邏各斯」（Logos）的辭彙，把「論說」、「理性」、「眞理」合而為一，成為希臘思想的根基；第三，開始思考宇宙的基本元素，為日後西方科學發展出最早的思考，其中，「原子」的出現尤其令人驚嘆。

第二個階段，主要發生於雅典，公元前第五世紀左右。這裡面最重要的人物當然是柏拉圖，他把從未著述的蘇格拉底的思想與他自己的思想融合，特別是在人文與理性的層次，奠定了一個廣被各面的高峰。對這個階段的雅典人來說，哲學和生活中的每一個層面都相結合：政治、藝術、戲劇、文學，無所不在。這個階段，由於對人之過分強調參與社會的反動，蘇格拉底的另一個弟子則創立了犬儒學派，提出人應該放棄一切享受與要求，只要像一隻狗一樣地活著即可。

第三，是柏拉圖的弟子亞里斯多德的階段，大約在公元前第四世紀。亞里斯多德有三個成就，一是總結了他之前所有希臘哲學的大成；二，為「邏輯」的思辯，建立了完整的體系；三，他個人集人文、科學等所有思想於一身，為日後「百科全書」型的人物建立了最具體的示範。

第四，則是亞里斯多德之後，一直涵蓋到後面的希臘化時代。主要有三派。一派是斯多噶派，強調理性，因此主張人要具備三方面的條件：一，邏輯思考；二，道德倫理；三，科學知識。第二派是伊壁鳩魯派，強調感性，因此主張人要懂得享樂。第三派，則是懷疑主義，不重理性不重感性，對一切自以為是的判斷都存疑。

這些希臘的哲學與思想，在地中海世界前後發展、傳播了一千年左右的時間，到羅馬皇帝有了基督信仰，把這些思想和所謂的異教徒打到一起，大約公元第六世紀的時候，從此消聲匿跡。他們的力量與光芒，要再過另外一千年左右的時間，才會在一個完全不同的高度上，大放異采。

Corbis

前534年，希臘第一部悲劇在雅典上演　　希波克拉底（460-377B.C.）　　柏拉圖（427-367B.C.）
巴門尼德斯（539-469B.C.）　　蘇格拉底（460-399B.C.）　　前400年，安提西尼創立犬儒學派　　前387年，柏拉圖在雅典創辦學院

500B.C.　　　　　　　　　　　　　　　400B.C.

前484年，孔子周遊列國後回到魯國，開始編輯群經　　與孔子大約相當時間，老子著《道德經》　　前五世紀到前三世紀，「諸子百家」的時代

戰國

Scene 5
文化廣被 希臘化時代

Corbis

300B.C.　　前300年，歐幾里德撰成《幾何原本》　　　　前290年，阿基米德提出浮體定律　　　　　　200B.C.

戰國　　前233年，韓非集法術勢而成為法家的集大成者，著有《韓非子》　　　秦　　前221年，秦滅齊，統一天下　　前206年，西楚霸王項羽入咸陽，火燒阿房宮

亞歷山大城吸引了眾多希臘的思想家、科學家來此研究。左圖為最先畫出星象圖的希帕庫斯（Hipparchus）。右圖為位於埃及費拉島上的艾瑟斯女神廟（Temple of Isis）。外牆刻有托勒密向艾瑟斯女神和奧呂斯太陽神作獻祭的雕刻。

Corbis

　　亞歷山大死後，部下推不出共主，帝國於是一分為三。安提哥納取得馬其頓、希臘等地，建立馬其頓王國；賽流卡斯取得巴比倫、色雷斯及小亞細亞等地，建立賽流卡斯王國；托勒密取得埃及，成為埃及國王。這三個王國覆蓋的面積這麼大，再加上隨著亞歷山大東征所建立的許多城市，以及來往於這一路上的希臘商人、藝術家、傭兵、移民，希臘文化隨之廣為傳播，此後三百年遂被喻為「希臘化時代」（Hellenistic Age）。

　　其中，盤踞埃及的托勒密和他的下一代，尤其在短短幾十年間建立了一個大放異彩的文化。托勒密最大的建樹是在亞歷山大城興建的博物館與圖書館。以博物館來說，不但最早的星象圖和蒸汽機都是在這裡勾畫出來，並吸引了歐幾里德、阿基米德與希波克拉底等學者前來。以圖書館而言，不只在藏書的規模上首屈一指，並且還成了圖書複製與交易的場所，開風氣之先（更有趣的是，羊皮紙的出現，也是因亞歷山大圖書館而間接促成）。因而有人將亞歷山大城的這些成果，譽之為「現代歷史（Modern History）之發端」。事實上，在這段時間，整個希臘世界的文化中心，已經從雅典轉移到亞歷山大城來了。

　　但是托勒密王朝的這些成果，並沒有持續。主要是托勒密王國越來越受埃及文化的影響，後續的國王處不及此。另外一方面，自亞歷山大帝國分裂以來，賽流卡斯與托勒密之間便爭戰不斷，托勒密王國國勢日衰。不論內外因素的影響，希臘人統治、影響地中海的時代要逐漸告一段落，歷史的舞台上，準備要登上一個新的主角：羅馬。

前276年，厄拉多塞斯將地球劃分為多個氣候帶　　　　　　　前213年，懷疑主義興盛

100B.C.

西漢　　　　　　　　　前140年，漢武帝接受董仲舒建議，罷黜百家、獨尊儒術　　　　　前91年，司馬遷撰成《史記》

Scene 6
無奈的轉進——拜占庭文化

313年，君士坦丁因皈依基督教，而頒布《米蘭詔書》　　392年，狄奧多西下令禁止崇拜一切異教神，封禁宙斯神廟

395年，羅馬帝國分裂為東羅馬與西羅馬帝國

476年，西羅馬帝國亡

100B.C.	100A.D.	200A.D.	300A.D.	400A.D.
西漢	東漢	三國	西晉	東晉

東漢初年，佛教傳入中國　　89年，竇憲大敗北匈奴，匈奴西逃，三百年後移至黑海，引起骨牌效應，間接　　139年，張騫通西域
導致西羅馬帝國的滅亡

公元前168年，羅馬征服馬其頓王國，繼之，賽流卡斯也成爲羅馬的一部分。前48年，凱撒一路追擊龐培，打到埃及，使亞歷山大圖書館遭到了巨大的破壞。前31年，屋大維與安東尼決戰，安東尼敗逃埃及，隔年與埃及豔后皆被屋大維殺掉，徹底結束希臘人統治地中海沿岸的歷史。

身爲文化後進地區對先進地區的景仰，羅馬一直對希臘十分看重。早期希臘人在羅馬南部沿海地區的殖民城市，就被羅馬人稱之爲Magna Gracia（大希臘，今天英文的Greece 就是來自於Gracia這個字）。到羅馬征服了希臘之後，羅馬起初的歷任統治者，對希臘文化仍然也都給以極大的關注與尊重。在屋大維被元老院上尊號爲奧古斯都之後，他便將希臘與馬其頓分開，單獨成立爲亞該亞省。而馬可奧里略則於176年在雅典建立大學。因此羅馬雖然在現實上統治了希臘，但是精神上卻深受希臘文化主宰。因而有羅馬詩人感嘆：「被俘虜的希臘人，誘使他粗野的征服者成爲俘虜。」

Corbis

左圖為位於希臘Helikonas山上一個修道院內的基督聖像壁畫。這個修道院是拜占庭時期重要的東正教的宗教中心。右圖為君士坦丁的銅製頭像（約製成於330年）。

公元323年，君士坦丁將原爲希臘人殖民地的拜占庭建立爲羅馬帝國的新首都，東西羅馬帝國開始分治之後，更給希臘帶來了極爲複雜的影響。影響分爲兩方面。第一，是羅馬皇帝從君士坦丁皈依基督教之後，要消除異教徒文化，因此希臘文化首當其衝。君士坦丁任內下令焚燒異教徒書籍時，希臘的圖書館與博物館因而遭到大規模破壞。到392年，狄奧多西下令禁止崇拜一切異教神，宙斯神廟遭到封禁，奧林匹克運動完全消失。529年，查士丁尼查禁柏拉圖學院，將許多知識分子流放到邊遠地區。希臘文化裡燦爛無比的哲學、科學、人文思想，在以神爲中心的基督教文化之下，黯淡無光。

第二，由於東西羅馬帝國分治，兩邊主教的領導也產生衝突。而希臘豐厚的文化基礎一旦和東羅馬帝國（又稱拜占庭帝國）這邊的基督教信仰結合，立刻就顯出極爲鮮明的特色，最終基督的信仰也不得不分裂，分成西邊的天主教，以及東邊的東正教，又稱希臘正教。甚至，希臘語也成了拜占庭帝國的官方語言（西羅馬帝國則是拉丁語）。希臘文化又繞了個圈發揮其影響力。

但綜觀而言，歐洲大陸從第五世紀左右開始進入中世紀，也就是黑暗時代，希臘文化已經被他們遺忘在腦後，成爲另一個世界的事了。

512年，阿拉伯文字出現
529年，拜占庭皇帝查士丁尼查禁柏拉圖學院，流放知識分子

622年，伊斯蘭教紀元開始

750年，伊斯蘭阿巴斯取得哈里發地位，對希臘文獻進行翻譯與整理

500A.D.	600A.D.	700A.D.	800A.D.	900A.D.

南北朝 **隋** **唐**

750年，高仙芝率兵三萬渡過碎葉水，在怛邏斯城遭大食軍隊擊敗，造紙術隨俘虜傳入阿拉伯世界。但大食國亦爲唐朝軍力所憚，不敢東來

Scene 7.

第五世紀，西羅馬帝國在北方蠻族不斷的擠壓下滅亡。一方面有這些蠻人的不斷入侵，一方面因為沒有了中央政府，各個地方勢力競起相爭，於是歐洲大陸燃起長達千年的烽火。苦難的日子裡，越來越多的人依賴宗教信仰，羅馬主教成為教皇，形成價值觀的禁錮。相對而言，這段時間反而是伊斯蘭世界對各種文化保持開放的態度，對希臘、波斯、羅馬及印度等古典文獻都有進行翻譯與整理，使許多希臘文化得以保存下來。

1054年，羅馬教廷與拜占庭教會決裂，基督教分裂為東西兩派　　　　1096年，歐洲發起十字軍東征，希臘文化傳回歐洲

900A.D	1000A.D.	1100A.D.	1200A.D.
五代	北宋		南宋

1206年，鐵木真即位為成吉思汗

左圖為文藝復興初期畫家波提且利的畫作「維納斯的誕生」，現藏於義大利佛羅倫斯烏菲茲美術館。右圖為西班牙奧斯瑪教堂墓穴內掘出的一塊混合伊斯蘭和西班牙絲的絲綢（約製成於1100年）。布塊上畫有希臘神話人物哈爾比（Harpy）、獅子等圖像。伊斯蘭世界對保存希臘文化甚有貢獻。

　　1071年，土耳其人大敗拜占庭軍隊，並準備進攻君士坦丁堡。拜占庭恐慌之下，向羅馬教皇求救，於是長達將近兩百年的十字軍運動興起。十字軍東征，一方面使烽火更加慘烈，一方面卻也打通歐洲與近東的許多商業通道。更重要的是，原本在拜占庭與阿拉伯世界保存下來的希臘古典文獻，再一次回到了西方世界。

　　到了十三、十四世紀時，隨著商業的興盛，一些地中海周圍的城市如威尼斯及佛羅倫斯等地獲得了空前的發展。隨著對宗教的不滿與疑惑，以及十字軍東征時帶回的希臘文獻典籍，人們開始懷念起希臘、羅馬時期的藝術與文學。從但丁、薄伽丘開始，起源於希臘的人文思想重新萌發，推動了十五世紀在佛羅倫斯興起的文藝復興運動。

　　文藝復興，最少有三個意義。第一，為早已被歐洲人遺忘的希臘文化找出一個新的定位；第二，為歐洲大陸本身的文化找到一個源頭；第三，為歐洲大陸的文化找到許多新的方向——包括藝術、文學、政治、科學。其中，科學的影響尤大。

　　十五世紀初，相對於希臘文化經由文藝復興在歐洲日受重視，希臘本身卻陷入新的風暴漩渦。那是因為就在這個時候，土耳其人滅了拜占庭帝國。希臘人進入受土耳其人統治的階段。

1453年，鄂圖曼軍隊攻陷君士坦丁堡，拜占庭帝國滅亡，希臘淪入土耳其手中
1455年，古騰堡發明活版印刷，對接下來的宗教革命、文藝復興運動有重要影響

1576年，波丹的《國事六講》，揭櫫民主主義國家的觀念

十七世紀，啟蒙時代開始

| 1300A.D. | 1400A.D. | 1492年，哥倫布發現新大陸　1500A.D. | 1600A.D. |

元　　永樂年間，鄭和下西洋，最遠曾到達非洲海岸　　　　　　　　　　　明

1582年，利瑪竇來華，帶來《萬國輿圖》，從此中國始知有五大洲

Scene 8 四百年的抗爭 獨立之路

十六世紀開始，希臘人反抗土耳其的統治，但受到嚴厲的鎮壓。這時由於威尼斯在地中海的力量甚大，與土耳其形成對抗之勢，希臘夾在其間，呈現種種矛盾又複雜的發展。

一方面，希臘人基於歷史淵源，樂於支持威尼斯方面；但是另一方面，由於威尼斯人信奉羅馬公教，而希臘人則信奉希臘正教，宗教不合的因素迫使希臘人感到更樂於在土耳其人的統治之下——土耳其對宗

教的態度反而更形開放。

由於這些情結的作用，希臘人在威尼斯人與土耳其人之間擺盪，像是伯羅奔尼撒半島就曾在希臘人的支持下，由土耳其人割讓給威尼斯人過，也曾在希臘人的倒戈下，又由威尼斯人簽約放棄，重歸土耳其。

1776年美國發生獨立革命，1789年法國發生大革命，並提出「獨立自由」的口號。希臘人受到這些獨立思潮的影響，開始組織希臘人、穆斯林及阿爾巴尼亞人以反抗土耳其，在科林斯地峽以北山區中展開了長期的游擊戰，正式開啓了希臘人的獨立運動。同時，科臘伊斯開始整理介於古典與通俗語的希臘文，使希臘從此有了統一的書寫符號，對希臘民族國家的形成功不可沒。

由於希臘的地理位置位於巴爾幹半島南端，具有重要的戰略價值，因而從十九世紀開始，成為各方強權爭奪的對象，希臘的獨立過程會淪為土耳其、俄國、法國、英國等國家權力角逐的戰場，也就不足為奇。除此之外，希臘從過去城邦時代就各地各行其事，沒有中央集權可言的傳統，也為希臘的獨立之路，增加了許多內部衝突爭執的因素。1821年，伯羅奔尼撒爆發起義，其後在各方勢力的折衝下，1825年先是俄國與英國同意希臘可以與土耳其展開協調，取得自治地位；1831年各方協調後則同意建立一個君主政權，延請熱愛希臘文化的巴伐利亞國王子奧圖來接受王位。

十九世紀後半，這個地區風雲詭譎，大家互相合縱連橫，希臘則趁著與土耳其的爭戰，或者土耳其與其他國家戰爭之際，逐漸把「起義的地區」納入希臘。這個過程，有點像是逐步收復過去的一個個城邦，又有點像是過去的城邦一個個加入合併，形成一個國家，其複雜程度可以想見。希臘的建國之路，事實上持續了將近百年，一直到二十世紀的二〇年代，才算告一段落。

1821年，伯羅奔尼撒爆發起義，開始長期的獨立戰爭。事實上，這場與鄂圖曼帝國的戰事，前後幾乎進行了一個世紀

1800A.D.

1825年，希臘得到英國協助，與俄國簽訂協議，取得自治地位

1833年，由於第一任總統被刺，希臘延請巴伐利亞王子奧圖成為希臘國王

1866 -1869年，克里特島爆發反抗鄂圖曼的戰爭，但失敗

1896年，雅典舉辦第一屆現代奧林匹克運動會

1900A.D.

清

1840年，鴉片戰爭
1843年，上海成為對外通商口岸

1860年，英法聯軍燒圓明園
1862年，清廷在北京設立同文館

1898年，戊戌變法

1898年，張之洞發表《勸學篇》，提出「中學為體，西學為用」的主張

MAPS：希臘歷史分鏡　41

從波斯時代，由西亞來的勢力就不斷地形成許多名之為「圍攻雅典」（Siege of Athens）的局面。左圖為由Panagiotis Zografos於1830～1864年期間，就十百其對雅典的兵臨城下而畫的「圍攻雅典」。右圖為1896年，在奧運之父顧拜旦的努力下，第一屆現代奧林匹克運動會在雅典舉行。希臘的現在與過去，又有了一次在全世界注目之下的接軌。

Scene 9
重新與歐洲結合，新的出發

　　進入二十世紀，希臘繼續沿續對內與對外兩條征戰的路子。

　　對外的部分，先是趁著巴爾幹半島的戰爭狀態，收回許多地方，包括克里特、羅德島、科斯島、色雷斯地區、薩摩斯以及馬其頓大部分地區等等。接著第一次世界大戰爆發，希臘選擇加入由英、法、俄、塞爾維亞所組成的協約國，而與其敵對作戰的土耳其則選擇了加入由德國、義大利以及奧匈帝國所組成的同盟國。

1890-1914年，由於極為嚴重的經濟問題，希臘大量移民到國外，其中尤以美國為主

1912-1913年，巴爾幹戰爭。希臘、保加利亞、塞爾維亞等形成聯盟，把鄂圖曼帝國力量逐出歐洲

1914年，第一次世界大戰，希臘選擇加入協約國

1941年，希臘被德國、義大利及保加利亞所占領

1945年，希臘分裂為本土為政權以及海外流亡政府兩部分

1900A.D　　　　1911A.D

清　　1900年，八國聯軍攻入北京
　　　1911年，辛亥革命

1919年，五四運動
1931年，九一八事變

1949年，中華人民共和國建立
1951年，台灣開始「耕者有其田」

左圖為1944～1945年希臘內戰期間，農民對游擊隊深存恐懼，即使只是上市集也帶備武器的情景。2004年希臘擊敗法國，成為歐洲國家盃的冠軍，右圖為一位擁護「奧圖」(Otto Rethagel，希臘隊總教練) 的球迷。很巧的是，近代希臘建國後第一任國王也名「奧圖」。

戰後，希臘又陸續收復馬其頓東部及色雷斯等地區。

內部的鬥爭，也未稍停。先是君主政體，1924年，則藉由公民投票，成立希臘共和政體；1936年，再由軍方宣布戒嚴、解散議會。

二次世界大戰中，希臘被德國、義大利及保加利亞所占領，政府也分裂為本土偽政權以及海外流亡政府兩部分，直到德國投降後，希臘才完全收復。

二次大戰結束後，希臘有兩個重要事件持續發展，並且影響深遠。一個是國內對共產黨展開的內戰，一個是塞浦路斯島的歸屬問題。內戰的影響，造成了希臘二十世紀第二次巨大的移民潮。（第一次是在世紀之初的時候，由於經濟恐慌所致。）

而塞浦路斯，則是歷史殘留的問題。塞浦路斯在十九世紀末由土耳其割讓給英國，二戰之後，塞浦路斯原先一度要歸入希臘，但是卻又在1960年宣布獨立，而到1974年土耳其再入侵塞浦路斯北部，成立另一個政府後，情勢變得更為複雜。

同樣在1974年，希臘一度軍事政變上台的獨裁政權倒台，成立民選政府。接下來希臘的經濟也逐步發展，經過一九七〇年代，到1981年，終於獲允加入歐洲經濟共同體。歷經數千年之後，希臘這個歐洲文明起始的搖籃，才正式與歐洲融為一體。到了2004年，第28屆奧運在希臘首都雅典舉行，距離上次在雅典舉辦的第一屆奧運會，已經有108年了，距奧林匹克運動會第一次出現在希臘，則是將近三千年的事了。

奧運雖然已經不同，但今天大家已經都能認知，也能承認，希臘文化與精神的光芒，則早已不再局限於雅典，而是有如普羅米修斯的火炬一般，照亮了世界的各個角落。

二戰之後，希臘政府與共產黨展開內戰，其結果又造成一次移民潮。1949年，希臘共產黨敗亡 | 1951年，希臘加入北大西洋公約組織與聯合國安理會 | 1967年，希臘軍人發起政變，宣布戒嚴、解散政黨 | 1974年，希臘軍事獨裁政權倒台。同年，土耳其侵入塞浦路斯，占據北部迄今 | 1993年，希臘成為歐盟的一員。2001年，希臘加入歐元機制 | 2004年，第28屆奧運在希臘首都雅典舉行

2000A.D.

1966年，文化大革命開始 | 1974年，發現秦始皇兵馬俑 | 1987年，台灣解嚴 | 2008年，第29屆奧運在大陸首都北京舉行
1980年，大陸個體戶取得合法地位 | 1997年，香港回歸大陸

MAPS：希臘歷史分鏡　43

永續

掌握世界的變動節奏，拉近人文和經濟的落差，
以利他的理念，落實企業的經營和社會的責任。

保育

永豐餘　http://www.yfy.com

奈米、生物科技透過e化的平台，不斷地在造紙、印刷、顯示等產業
創新服務，共創優質生活的未來。

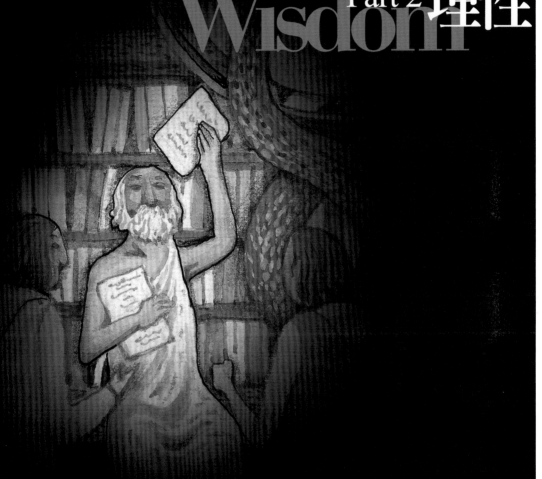

Part 2 理性

Wisdom

民主開始的時候
——希臘城邦政治生活

古希臘的「民主」，與現代自由主義的所謂的「憲政民主」其實大不相同。

文—孫善豪

如果把「古希臘」和「民主政治」劃上等號，那將是個不小的錯誤。

所謂的古希臘，一般是指公元前八世紀至前三世紀左右，星散於愛琴海周圍的許許多多城邦所締造的文明。城邦就是「城市國家」。它與現代民族國家與帝國，是完全不同的。帝國所需要的成文法律與官僚系統，現代民族國家所需要的主權政府與平等公民所組成的市民社會，在城邦裡都付諸闕如。

城邦大小不一。雅典在全盛時期據說有四十萬人口，而小的城邦可能只有千百人。城邦大都建在山上，但由於地形關係，它們也多是海港。每個城邦大概都有一位守護神，以及一座供奉它的神廟，還有大型的劇院、廣場。這些「硬體」，都與希臘城邦的政治生活息息相關。

戰爭與貿易中的動態平衡

事實上，所謂「政治」（Politics，Politik，Politique……），就是以「城邦」（Polis）為字根演變而來的。所以，所謂「政治生活」，對古希臘人來說，也就是城邦裡的生活。

首先，城邦大都是山城，因此以農耕其實無法養活太多人口。古希臘人，除了斯巴達這種少數的「耕戰之國」之外，大概吃的都不是「希臘米」。他們的生活所需來自貿易：愛琴海四周的希臘城邦以陶製品、布匹、橄欖油、葡萄酒等等手工業成品，與四周的地中海地區交換穀物等原料。這種交易要能進行，當然必須要有海運，要有船舶的製造、水手、航海術等等，以及，很重要的：錢幣。希臘人發明了銀幣，並且在銀幣上表現了他們的藝術天分。

貿易帶來了交往，帶來了各地的消息和各種知識。這一定對古希臘文明的發展有很大的貢獻。但是，人類的交往從來就不是和平的，反而，它必定造成糾紛，以及隨之而來的戰爭。希臘各城邦間的戰爭，或許才是各城邦間真正穩定的關係。既然戰爭不斷，所以，常備軍，尤其是海軍，就成了城邦必不可少的組成部分。不過斯巴達是個例外。雖然它以「全國皆兵」著名，但那並不是為了與其他城邦戰爭（雖然後來有數十年的與雅典之間的伯羅奔尼撒戰爭），而主要是為了控制國內大量的奴隸。所以它的常備軍不是海軍，而是陸軍。

貿易固然造就了文明與繁榮，但是，和現代資本主義一樣，頻繁的貿易也意味著種種意想不到的變動。因此，古希臘的城邦，各是一個變動的共同體。這種變動的程度，或許由於貿易還沒有發達到兩千年之後（例如荷蘭）那樣的程度，所以其實也並沒有動搖城邦的基本組成結構，但是，它確實造成各城邦政體的不斷改變。古希臘末期的亞里斯多德，在他的《政治學》裡就說：有一百五十八種政體值得研究。

這些政體，被亞里斯多德依「統治者人數是一人、少數人或全部人」以及「統治者是大公無私抑或私心自用」兩個原則，歸納為六種：君主、貴族與民主（Polity），暴君、寡頭與暴民（Democracy）。但是不同的政體間並非彼此相安無事，反而，亞里斯多德的老師柏拉圖就曾經在《理想國》裡大篇幅討論了何以各種政體僅經一代就嬗遞改換之道理。對於古希臘人來說，所謂「老舊」，意思就是一代或兩代。

古希臘人殺死了時間？

這種迅速的——用現代術語說——社會變遷，也表現在古希臘的藝術上。例如，與幾乎同時代的埃及雕塑相較，古希臘的雕塑顯然就活潑得多。對「動態」的捕捉，而非埃及帝國那種對靜態的描寫，構成了希臘雕塑的特色。但是，這種動態，又並非十七、十八世紀荷蘭畫家所慣常表現的那種「混亂」，反而是「和諧」。

對古希臘人來說，和諧（或節制）是一項至高的美德：每個人、每個城邦都可以盡力追求自己的「善」，但是同時也應該在此善與彼善之間，達成和諧。城邦與城邦之間，並沒有現代意義的「國際法」來約束各邦；城邦之內，也沒有現代意義的主權或憲法來規範成員。因此，「秩序」的維持，就只能訴諸「和諧」這個美德了。這個美德，在相當大的程度上，是由希臘的多神宗教信仰來維繫的。

與此相關，或許還該談談古希臘人的「時間」概念。希臘神話的主體是宙斯統治下的奧林匹亞王國。這個王國（一個政治秩序）並非開天闢地以來就有。它是宙斯殺了他的父親之後才建立的。他的父親叫作Cronos：時間（Chronic），他會把所有的子女吃掉。意思就是：時間會吞噬一切成果。因此要保留成果，就必須殺死時間。也唯有停止「時間王國」，才可能建立一個「政治王國」。

因此，宙斯的王國，是沒有時間的：希臘神話的許許多多故事，彼此間大都沒有時間的先後，反而各自獨立、互不相續。但是，從現代人的眼光來看，人與人固然絕不相同，但是「時間」卻是所有人所共同的尺度：正是面對了「時間」，所以人與人「一樣」。古希臘人把時間殺死了，於是取消了「一樣」，而留下了種種「不同」。再用現代的語言來說：這就真是徹底的「多元」，而完全取消了「一元」。

所以古希臘城邦之間沒有更高的政治組織（雖然在希波戰爭期間有提洛同盟，甚至有史家稱之為雅典帝國）、所以各城邦間沒有統一的政治制度、沒有國際法、甚至沒有統一的宗教：反而各城邦各立一個守護神。

但是，當然，「一元」不是能夠完全被取消的東西。至少，希臘文是各城邦都使用的。提洛同盟也以雅典的銀幣作為統一的貨幣。而更重要的是：「公民／奴隸」的區分，是各個城邦所共同的基本結構——它完全沒有被急邊的社會變遷改變。亦即，古希臘是個階級森嚴的奴隸社會，這是各個城邦所共同的——無論它是大或小、無論它是民主制或君主制。

公民、非公民與自由民

所謂「公民」（Citizen），就是城邦的成員，或是「過城邦生活的人」。城邦裡的所有硬體的公共設施（例如劇院、廣場、神廟），以及這些公共設施所舉行的軟體的活動（例如戲劇表演、交易、討論、祭祀），都是為了「公民」而舉辦的。「非公民」是沒有資格參加的。

「非公民」是誰呢？奴隸當然不是公民；未成年的孩童也不是公民；女人，也不是公民。

那麼「公民」是什麼人呢？當然就是結了婚、有子女、又畜有奴隸——而且當然，有土地——的男人了。他是妻、子和奴隸的主人。具有這樣的「主人」身分的男人，是一個大家庭的「家長」，他的日用所需，由奴隸的生產來提供。奴隸生產所能換得的財貨，也一概由他來支配。奴隸是「他的」，一如妻與子是「他的」。雖然妻子和奴隸不同，但是他卻與妻子奴隸都不同。這種在家庭中的獨特地位，使他成為一個自由的、不受別人主宰的「人」。也正因為這樣的人才叫作「人」，所以女人、孩童和奴隸就都不是「人」。正是在這樣的認知下，所以亞里斯多德會在《政治學》裡說：奴隸不是人。

這樣的「人」，是毫無疑問的希臘城邦的公民。他們不事生產，因此有閒。但是他們的奴隸所生產的葡萄酒、陶器、橄欖油、床、房屋……等等又一定要和別人、和外地發生關聯，於是他不可能獨立而隱居，也於是，閒暇之餘，他必須與別的「人」交往。

這些「人們」在城邦的廣場上相遇，因此他們平等（這樣的平等建立在他們與女人、孩童與奴隸的「不平等」的基礎上）。除了談論天氣（希臘的天氣一向好，其實沒什麼可談的），就只能談談如何維持彼此關係的「和諧」了。太過市儈的幾斤幾兩的

Corbis

HMP

圖為古希臘雄辯家狄摩西尼在發表反對馬其頓侵略的演說情景。

計較，當然是他們這些平日養尊處優的「主人」所不齒的，因此他們談論大原則。可以想像：古希臘「人」在廣場上，以何等抽象美妙的語言，彼此交談，達到「和諧」！當然，當這個城邦和那個城邦發生戰爭時，為了捍衛自己的利益，他們也會勇敢地往赴沙場——不過，這裡是否有買人頭充數之類的事，就無從得知了。伯里克利（Pericles）在他著名的《國殤講詞》裡所稱頌的雅典戰士，指的就是這些肯為了雅典而拋頭顱灑熱血的「人」——或者是他們買來的別人。

除了這些「當然的」公民，古希臘城邦裡還有一些尷尬的人。他們是所謂的「自由民」，也就是獨立的手工業者或現代所謂服務業者。例如鐵匠、裁縫、貿易商、船長、醫生……等等。這些人並非奴隸，但是他們也沒有自己的奴隸。這樣的人是不是公民呢？在不同的城邦，有不同的認定。

如果他們在某個城邦裡被認定為公民，卻不被允許出席公民大會，那麼這個城邦就會被歸類為君主制或貴族制政體；如果他們在某個城邦裡不被認定為公民，而公民大會依舊召開，那麼這個城邦就會被歸類為民主制政體。換言之，一個城邦是哪種政體，很大程度取決於：它如何認定公民。

公元前594年，梭倫（Solon）出任雅典的執政官，讓因為債務而淪為奴隸的平民都回復平民身分，並允許沒有財產（亦即沒有土地和奴隸的）的平民參加公民大會。雖然公民大會的權力仍然有限，但是經過這次改革後的雅典城邦，可能正是後來所有欽羨所謂「希臘民主」的人心中的民主典範。

公私不分的希臘民主

重點就在「公民大會」。

雖然缺乏完整的史料，使我們無從得知「公民大會」究竟是如何組成的，但是，約略可以設想：第一，既然城邦不大，而「公民」也並不多（城邦居民大多數都不是公民），所以公民並不需要「代表」，反而，所有公民都可以出席——唯有所有公民都出席公民大會，才是真正意義的民主。第二，既然公民是城邦成員，而他們作為城邦成員所關心的，無非就是「自己的」切身生活，所以，「公民大會」應該不會有因為「事不關己」而出席冷淡、終至流會的情形。第三，古希臘人並沒有明顯的「公／私」之別，反而，所有公民都盯著彼此，要求對方成為理想公民。一個好人，就是一個好公民。在這種「我群」的社會壓力下，出席「公民大會」，應該是一種無可逃避的義務。

因此，一個「公民大會」——一個後世的「民主」典範，乃在古希臘的一些城邦中運作了。這個「公民大會」，兼具了立法、司法與行政的功能：不僅執政者由它選出，生活規範由它制訂，而且公民之間的訴訟，也由它裁定。簡言之，城邦生活中的一切，都由它來決定。

這樣的「民主」，去現代自由主義所謂的「憲政民主」實在也太遠了：後者的重點，不在「共同生活」，而在「保障個人權利」，也就是讓「共同生活」與「私人生活」脫鉤，從而使「私人生活」的利益儘可能地極大化。就「公／私不分」這個面向而言，希臘的民主，或許反而更像現代的「極權專政」。

如果這樣來理解所謂「希臘民主」，那麼，對於現代的自由主義者來說，希臘的城邦政治之所以可以成為一個典範，應該不在於它的民主，反而在於：它並沒有讓這樣的「民主」通行於整個希臘。許多希臘城邦，甚至雅典，都不是始終實行「民主政體」的。說到底，容忍不同政體、容忍「多元」，或許才是古希臘值得現代自由主義者稱頌之處。 ■

本文作者為政治大學政治系副教授

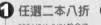

哲學的童年——希臘理性思想的誕生

希臘精神的景象從神話（Mythos）到理性（Logos）的移動趨向，
是精緻的靈魂追求純粹德性與知識的思想路線。
於是理性萌生，一種思維方式的巨大變革與冒險馳騁降臨，
哲學之書的第一頁由此翻開……

文—伍至學

　　黑格爾在講授哲學史時，曾經以略微驕傲的口氣表示：「一提到希臘這個名字，在有教養的歐洲人心中，尤其在我們德國人心中，自然會引起一種家園之感。……科學與藝術，凡是滿足我們精神生活，使精神生活有價值、有光輝的東西，我們知道都是從希臘直接或間接傳來的。」[1]

　　換言之，古希臘作為歐洲文化的根源，歐洲人對古希臘永遠心懷一種文化的鄉愁。航向古希臘，不僅是精神家園的復歸，更是文化生命的再創造。而希臘之所以為希臘的崇高意義，從哲學上說，即理性的誕生。希臘理性是哲學的啟蒙。問題是：理性是如何出現的？

理性與語言

　　我們知道，在哲學之前的神話與悲劇時期，是「一種口頭的文明。詩歌作為一種有節奏、能伴舞的歌唱，占據了智力舞台的前台。我們在那裡發現史詩，抒情詩，還有一種既有史詩形式、又有智慧書形式的詩，如同赫西俄德。那時，詩人都是一些歌唱者，一切通過口頭流傳。散文的出現是第一個重大改變。」[2]

　　散文的書寫，孕育著理性表達方式的一個新時代的到來。「從口頭歌唱到文字作品的轉化。這是一個根本性的轉變，因為文字書寫不僅開創了話語的、話語邏輯的一種新方式，而且還開創了作者與公眾交流的一種新方式。」[3] 由此可知，希臘的理性首先是話語的革命，在語言場域中所展開的理性論述。「希臘理性不是在人與物的關係中形成的，而是在人與人的關係中形成的，它的發展不是得力於那些對世界發生作用的技術，而是得力於那些對他人發生作用的技術，這些技術的共同手段就是語言，它是政治家、修辭家和教師的藝術。」[4]

　　此時諸神退位，詩人隱沒，取而代之者是追求定義與知識的蘇格拉底，一個認真的哲學教師。他從鄉野邊緣走向人群聚集的城邦，尋求交談。

　　蘇格拉底的對話是理性的言說，一種嚴謹定義真理的理性論證，知性的練習。在此我們聽不見詩人的憂傷與歡唱，它與詭辯學家以語言為說服支配他人的一種純粹武器亦有根本的差別。在理性問答中，「老師並不試圖戰勝，也不想讓人閉嘴，他在提問與回答的遊戲中，在一種生動的話語中試圖做的，按蘇格拉底和柏拉圖所說，是讓他自己的話語，一種真理的話語誕生在他弟子的口中。不是通過武器，把他說服的勝利強加於人，而是通過一

種充滿信任的辯論，使真理獲勝。」[5] 這就是哲學史上著名的蘇格拉底的辯證法，
理智的接生術。

　　於是，哲學的真理成為統治世界的秩序，哲學家是與行吟詩人、占卜之士與
君王相抗衡之另外一種的真理守護者，重新劃定精神生活的疆域，建構嚴格知識
的版圖。蘇格拉底宣稱：深入理解自己的無知就是一切知識的開始。

圖為古希臘哲學家聚在一起
討論哲學的情景，從左開始
為：芝諾、柏拉圖、狄奧佛
拉斯圖斯、蘇格拉底、伊壁
鳩魯、畢達哥拉斯和亞里斯
多德。

理性與邏輯思維

　　神話思想的深層是充滿矛盾張力與曖昧的，相反於此，哲學理性則是邏輯清晰的，不可矛盾的，尋求客觀真理的。「真理從此被定義為如同一種絕對，位於存在的一旁，始終表裡如一，從根本上排斥著模稜兩可。在真理與遺忘之間有一條壕溝。」[6]遺忘乃是真理（記憶）的墮落與否定。

　　但是在神話中，「真理可以滑向遺忘，因為否定性──將被哲學家們叫做非存在的東西──並不孤立於也不被排除在存在外。」[7]換言之，記憶與遺忘是交織的，真實與謊言相互掩護，存在與非存在的界線是模糊而游移不定的。神話真理彷彿具有雙重的面龐。而哲學理性則試圖樹立邏輯的旗幟，推理必須服從客觀思維法則，即同一律（A＝A），矛盾律（A不可同時為非A，不可既是A又不是A），排中律（A與非A之間沒有第三者）。邏輯思維是絕對真理之確定，它排除含混與矛盾，將思維導向精確嚴謹的知識，消解神話的狂野想像與激情。

　　基本上，邏輯思維是一種抽象的概念思考，普遍的科學知識由此而建立。思維與感覺對立，邏輯思維形構知識（episteme），感覺則衍生意見（doxa）。而哲學的本質乃是客觀理性之知，非主觀意見。因此，希臘哲學非常看重邏輯，強調理性思維，影響西方哲學甚為深遠。可以說邏輯已成為西方哲學之精神的貨幣，一種普遍必然的思維的交換形式。在思維的路徑上，哲學家以邏輯的步伐邁進前行。

理性與存在

　　在古希臘，理性的深邃更表現為其形而上學的崇高向度。柏拉圖即是最典型之代表。面對生成變化，柏拉圖堅決否定經驗表象，以超越性之理型世界為形而上之真實存在。此理型即是理性的客體性存在，大寫之客體的實體。理性成為現實世界的存在論基礎。此理性之實體存在，乃是物性的，永恆的，掙離一切現象之腐蝕的。仰望形而上，成為哲學家一種最專注的眼神與姿勢。

　　此一理性主義的形而上學支配了西方哲學兩千多年的發展，縱然其敵對者也無法脫離之。故海德格爾亦言：「縱觀整個哲學史，柏拉圖的思想以有所變化的型態始終起著決定性作用。形而上學就是柏拉圖主義。尼采把他自己的哲學標示為顛倒了的柏拉圖主義。」[8]

　　柏拉圖也喜歡以太陽之光照象徵理型之理型，善的理型。而洞穴中之人唯有斷裂囚禁其之鎖鏈，方能逃離幽暗之洞穴，來到地面，親臨理性之本源的陽光。這一自我解放的過程，亦可說是存在的呈顯，照耀理性之光。「哲學在其歷史中曾經是作為對詩學開端的某種反省而被確立的。在它的特殊性中去思考它，哲學乃是力之曙光，即充滿陽光的早晨，在那裡意象，形式，現象們在說話，那是理念與神性顯現的早晨，在那裡力的突顯變得寧靜，它的深度在光線中平展開來並在水平狀態中延伸開去。」[9]如此，理性亦光之顯現，光之書，鎸刻著永恆的形式。

理性與生活方式

　　亞里斯多德嘗言，人是理性的動物，此一對於人的本質的哲學命題充分顯示希臘哲學的理性路向。現代德國哲學家胡塞爾在其晚期重要著作《歐洲科學危機和超驗現象學》一書中也表示：「自古希臘哲學誕生起歐洲人就

具有的理想目標（Telos）（即從哲學的理性出發去做人的目標，它只有在無窮無盡的從隱到顯的理性運動中，在通過理性為自己制定規範和尋求人的真理和真實性的無限努力中，才有可能實現）。」[10] 易言之，成為理性的存有者，一直是歐洲人孜孜努力之人文理想，理性並非計謀智巧，而是人性的實現。

如此，哲學不只是思索論辯，而是作為一種真實的生活方式。如胡塞爾所言，「哲學的人生存在形式：根據純粹的理性，即根據哲學，自由地塑造他們自己，塑造他們的整個生活，塑造他們的法律。理論哲學居於第一位。」[11] 總之，希臘的智慧告訴我們，人之存在雖有肉體羈絆與欲望的誘惑，唯有理性才是生命危險航行的座標。

故亞里斯多德宣稱，理性思辨是人之存在的最幸福的狀態，這就是哲學家的存在方式。哲學家不受外物支配，自由自主獨立。「理智的活動則需要閒暇，它是思辨活動，它在自身之外別無目的可追求，它有著本己的快樂。」[12]

理性與城邦

最後，我們也不應該忽視理性活動之具體的社會基礎。事實上若是沒有城邦的存在，哲學交談亦缺乏一個落實的公共場域。「城邦的出現和哲學的誕生，這兩種現象之間的聯繫如此密切，以致於理性思想的起源不可能不涉及希臘城邦特有的社會結構與精神結構。……希臘理性首先是在政治方面表達、建立和形成的。在希臘人那裡，社會體驗成為實證思考的對象，因為這種體驗適合城邦中展開的公開論辯。」[13] 由此角度觀之，理性並非只是個人心智，亦有其公共論述的向度。運用理性是公民的素養，正義固然是城邦的理想與德性，智慧亦不可缺席。於是「在城邦範圍內，政治遊戲的規則——公開的、自由的、有理有據的、彼此矛盾的爭辯——同樣成為了精神遊戲的規則。……這標誌著，對理性主義來說，矛盾的爭辯、矛盾的推理的定義構成了一種基本條件。」[14] 哲學就是在這樣的精神氣氛中誕生的。

馬克思討論古希臘藝術時曾說：「為什麼歷史上的童年時代，在它發展得最完美的地方，不該作為永不復返的階段而顯示出永久的魅力呢？有粗野的兒童，有早熟的兒童。古代民族中有許多是屬這一類的。希臘人是正常的兒童。他們的藝術對我們所產生的魅力，同這種藝術在其中生長的那個不發達的社會階段並不矛盾。」[15] 馬克思在此是以古希臘藝術為例，說明社會歷史條件與人文創造並不必然對稱，在歷史的童年時代，文明草創，社會構造不發達，但人文藝術創作卻依然燦爛蔚然可觀，具有古樸素雅與雄渾的風格，其時代與形跡固然隨時間波濤而一去不復返，但其心魂卻散發永不磨滅之魅力。古代希臘的童年，亦是西方哲學的童年。哲學的童年時代，理性萌發，挖掘問題，創建體系，西方哲學的大體規模從此得以確立。希臘的名字，是哲學的年輪上青春生命的刻痕。

哲學日曆的童年是所有熱愛哲學者的美好回憶。西方哲學的體內，永遠流著古希臘的血液。我們可以模仿黑格爾的語句說：「一提到希臘這個名字，在有強烈理論思辨興趣的人心中，尤其在我們哲學家心中，自然會引起一種悸動與狂熱。」■

本文作者為華梵大學哲學系副教授

1 黑格爾，《哲學史講演錄》第一卷（北京商務印書館）
2、3、5、6、7 韋爾南，《神話與政治之間》（三聯書店）
4、13、14 韋爾南，《希臘思想的起源》（三聯書店）
8 海德格爾，《面向思的事情》（北京商務印書館）
9 德里達，《書寫與差異》上冊（三聯書店）
10、11 胡塞爾，《歐洲科學危機與超驗現象學》（上海譯文）
12 亞里斯多德，《尼各馬科倫理學》。
15 馬克思，《經濟學手稿（1857～1858年）》，《馬克思恩格斯全集》46卷上冊。

德性就是人生
——希臘人的倫理觀

希臘德性教化最重要的就是它的群己觀，
它以宇宙生命爲宏大敘事，以城邦作爲宇宙在社會層面的對應物，
以內在的人的品格和諧爲旨歸。

文—章雪富

倫理思想是希臘文明最爲燦爛奪目的精神形態之一。希臘人追尋關於德性的言説，爲天地立心，爲城邦（共同體）立命，充盈生命於個體以自由精神，成就了民主爲本的希臘方式。

希臘的倫理觀主要是它的德性論。德性是屬於自由人的那些品質，是共同體對於他所擔任的角色的要求。希臘人的共同看法是，如果一個人不生活在某個共同體中，那麼他不是神祇就是野獸，因爲他缺乏維繫個人與共同體關係的德性；一個不具有明確共同體的秩序身分的人，是不具備德性的，甚至不具有人的身分。因此，德性與「成爲」人，成爲共同體的成員內在相關。

理想個體的塑造

德性的希臘文是arete，原指萬物的特長、用處和功能。例如「跑得快」是馬的arete，並沒有道德的含意。荷馬時代既用arete指「好」的本性，例如容顏的「美」、出身的「高貴」和技藝的「高超」等等，也開始獲得某些倫理的意義。當時，由於城邦間征戰頻繁，英雄被視爲氏族的保護者，勇敢是英雄必備的品德，是希臘人生活中最受推崇的arete。荷馬史詩、描寫英雄生活的悲劇和神話都印證了這一點，這裡的arete已經是倫理的意義了。勇敢作爲德性之所以重要，不僅在於它是個人的諸品質之一，還在於它是維持家庭和共同體延續必須的品質。因此，勇敢是荷馬時代氏族共同體的主要德性，它被落實在英雄的角色要求之中。英雄是高度危險的社會角色，與死亡、命運和友誼密切相關。出於這些原因，一些今人看來非道德的品性，如狡猾，由於在維護共同體中有積極的作用，也被肯定爲德性之一。

因此，個人的德性是共同體教化的結果。希臘文paideia（教化）指的正是共同體之於個

體的德性塑造。教化本質上是共
同體的一種功能，它將共同體的
特徵表達在構成城邦的個體中；
藉著教化，共同體持久活躍地塑
造諸個體的德性，緩慢而有力地
影響新的一代。任何人類共同體
（家庭、社會階級、某種職業，
或諸如種族或國家的更大範圍的
複合體）的教化，都體現著將一種
標準的主動意識直接表達在個體
身上。

　　總之，德性教化包蘊著雙重
意識，一是普遍性的法則，指的
是一種滲透並運行在萬物之中的
理想，它具有生命並且就是生
命。「希臘人尋求一種貫通於萬
物之中的法則，試圖使他們的生命
和思想與它和諧一致」。二是按照
共同體理想塑造個體的存在樣式，

「希臘人首先意識到要按照一種理想審慎地塑造人的特性」，視共同體的德性要求為個體生活的内在品質。德性教化所指向的個體不是主觀性的自我，而是人性的普遍法則；希臘人的智性原理不是個體主義，而是人文主義。它要求個體具有率真的人性，以真實和自由的態度向共同體開放。

德性教化蘊含著一種宏大的敘事形式。在英雄時代，「自我」完全滲透在角色要求中，是社會的創造物。在蘇格拉底的著作中，他把「個人」的道德感與城邦的「力量感」結合在一起。《申辯篇》（Apologia）和《克里同篇》（Criton）講述了雙重意義下的蘇格拉底的德性觀：公民的公正感與雅典城邦的法律公正間的衝突。城邦判處蘇格拉底死刑，是雅典將自己的好公民置於死地，當然沒能體現實質公正，然而這不能反證蘇格拉底越獄出逃是公正的。在這兩篇柏拉圖對話錄中，公正有兩個層次，體現著兩種共同體的不同德性訴求，一是城邦的法律公正，二是宇宙的正義／公正；城邦的尊嚴是小共同體的公正；宇宙的秩序則是大共同體的正義／公正，是人性的普遍法則。蘇格拉底要守護的是一種大尺度的天地德性，是一種超越日常尺度的大宇宙生命時間流。

城邦是德性教化的主體

由此可以看出希臘的德性教化有兩種模式。一種是德性衝突論，即在共同體原則内，諸德性雖然都是善的，卻不相一致。悲劇作家索福克勒斯（Sophocles）和埃斯庫羅斯（Aeschylus）是德性衝突論的代表。在《普羅米修斯》（Prometheus）一劇中，埃斯庫羅斯塑造了一個因愛人類而遭受苦難的神的形象，表明愛與福祉是衝突的，善性是脆弱的。另一種是合作性德性論，認為善與幸福、成功、欲望的滿足等概念之間有著不可分的聯繫，善的追求必導致心靈的安寧和存在的福祉，以及生活的成功與自足。柏拉圖和亞里斯多德是這種德性論的支持者。

柏拉圖與亞里斯多德都認為城邦是德性教化的主體。蘇格拉底的死，三次西西里之行的失敗，都使柏拉圖關注政治哲學，從理想共同體的建設關注德性教化。與蘇格拉底不同，柏拉圖不是從個人的「自制」開出「公正」的德性追求之路，他是從城邦的大公正開出公民的德性限度。

在《理想國》中，柏拉圖把公正看作是城邦最重要的德性，指出要想真正保證德性之間不相衝突，必須從整體「公正」始。城邦的公正是指秩序原則，不同的人各自履行自己的職責；個人的公正則是維護個人内心的秩序，即激情、欲望和理性三者的合作和平衡。柏拉圖設想的這個理想城邦，目的是使諸德性在善性原理上和諧一致，實現社會成員的利益共用；藉著城邦的德性教化形成人格和諧的社會成員。這隱藏著從城邦到個體的秩序：個人的道德教化依賴於城邦制度本身的公正性，對制度的道德評論優先於個人的道德評價。

因此，從蘇格拉底到柏拉圖，對人的主要德性的看法有根本的變化。蘇格拉底是從自制考慮公正；柏拉圖則是從公正考慮自制。蘇格拉底是從個體的德性塑造考慮與共同體德性形成的關係，柏拉

圖則終生都以城邦共同體的德性理想為整體目標。他所感興趣的是政治和制度公正，柏拉圖學院的一個很重要的教育目標是培養立法者。他的不少弟子秉承老師的理念，成為當時許多希臘城邦的立法者，在全希臘大地上延續著柏拉圖的德性教化理想。

以宇宙生命為宏大敘事

亞里斯多德在批評柏拉圖的基礎上，締造了希臘德性觀的理性主義傳統。作為一個馬其頓（Macedonia）人，亞里斯多德的思想中有許多非希臘的特性。與幾乎所有其他希臘哲學家不同，亞里斯多德最強調經驗分析，重視經驗理性。如果說柏拉圖和其他思想家是在仰望德性的星空，那麼亞里斯多德關注的是大地的德性。就是說，亞里斯多德不是從理想城邦的角度，不是以一個革命家而是以一個改良主義者的態度，現實地關注共同體德性與個體的關係。

如果說柏拉圖將德性教化的重心放在如何論證劃一的城邦公正的話，那麼亞里斯多德則試圖建構一種包容差別性的德性觀。他的城邦是一個中等共同體，他的德性理想是中道，他把友誼看成是非常重要的德性，這在希臘哲學家中十分罕見。亞里斯多德的德性觀徹底走出了從荷馬到柏拉圖的英雄主義情懷，幾乎不見理想主義的痕跡，他的城邦和德性論設計常被批評缺乏激情和理想。然而，無論如何，這更合乎日常生活中的德性教化模式。在亞里斯多德的德性論中，還有一種其他希臘思想家很少關注的維度，他把自由看作是德性運用和獲取善的先決條件；他如柏拉圖一樣把衝突看作是一種德性的惡，但仍然允許惡存在於城邦之中，因為它是可以消除的微弱張力。

希臘思想家在取何種德性教化的角度和何種德性居主導地位上是有不同意見的，但是這不妨礙他們都把個體品格的和諧看作是共同體理想教化的結果。事實上，希臘德性教化的最重要之處就在於它的群己觀，它以宇宙生命為宏大敘事，以城邦作為宇宙在社會層面的對應物，以內在的人的品格和諧為旨歸。這一點對於現代中國德性觀的重建仍然是極富意義的。我們這個幾千年來一直在講集體主義、「天下興亡、匹夫有責」和「天下為公」且有著悠久德性傳統的中華民族，是否已經真正地融入了希臘人特別強調的「公德」意識，抑或我們的民族重視的實際上只是「私德」而已？

希臘的德性論無疑有無比重要的借鑒意義。希臘德性傳統所表現出的在豁達和責任間的恢宏大度遠不是我們通常所講的儒道互補可以相比的。希臘人視理智德性為最大福祉，因為理智德性與那永恆靜止的實在世界是合一的，它追求責任回歸內心的永恆寧靜。當人的德性修養達到這種程度的時候，身體的苦痛，個人的遭際，都是可以忽略的，因為個體分享了神的永恆和靜止。天地德性既不是拿來安慰自己失意時刻的心理慰藉，也不是春風得意時的高尚說詞。德性就是人生。因此，希臘的德性教化理想雖然源自東方[1]，發揚於西方，卻又遠遠地超出了這兩種傳統。　■　　本文作者為浙江大學人文學院哲學系教授

1 這裡的東方指東地中海地區，當時的希臘思想家經常到小亞細亞遊學，然後回各希臘城邦宣揚自己的學說。

希臘思想來中國

西方傳教士是最早引介古希臘文化到中國的人。清末的地理書籍中對希臘亦有生動的描述。但直到五四之後，古希臘哲學著作的中文譯本才逐步出現。
希臘作為人類文明共同的瑰寶，在中國的影響幾經浮沉，到了現代，古代希臘思想再度復活……

1.最早的幾本書　文—陳應年

　　一般認為，明末清初，即十六、十七世紀來華的傳教士作為文化交流的使者，最先在介紹西歐科學和哲學方面發揮了巨大的作用和影響。

　　耶穌會士來華主要目的是傳教，經過初期探索，他們認識到西歐科學技術的傳播和介紹才是他們的敲門磚。於是這些傳教士在中國廣泛結交官員，得到士大夫的支援，把西方的科學、哲學及方法論傳到中國，對中國的知識界發生了史無前例的巨大影響。《中西方交通史》的作者方豪先生說：自利瑪竇來華，「迄於乾嘉厲行禁教之時止，中西文化之交流蔚為巨觀。」

　　值得指出的是1607年翻譯成書，由利瑪竇（Matthieu Ricci，1552～1610）口譯、徐光啟筆錄的《幾何原本》前六卷，此書的原著者是古希臘著名的數學家歐幾里德（Euclid，約公元前300年），原作是用希臘文寫作的幾何教本，拉丁文本譯注者是利瑪竇的老師克拉維斯神父（1573～1612，德國人）。克拉維斯是伽利略和開普勒的同事和友人，又是當時西曆（格雷曆）的制定者之一，被人們稱為「十六世

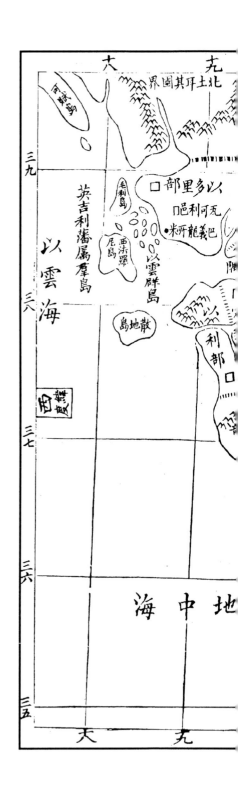

魏源生活於十九世紀，有鑑於當時帝國主義列強的侵略，深有感慨，因而發憤著書，以求收「知己知彼、以夷制夷」之效。《海國圖志》共一百卷，其中大西洋諸國列有「希臘」之解說。圖為該書《歐羅巴洲各國圖》一章所收之「希臘國圖」。

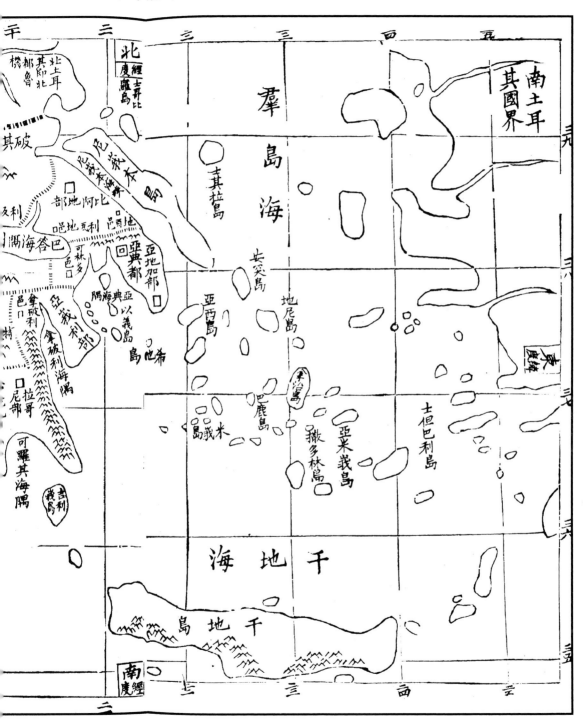

北經土耳比雅島北度羅雅島

南土耳其國界

群島海

北土耳其卽郁魯機島

其破

夊利隔海咎巴

部地阿比

喭地夊利

地昌司

亞地加部

可林多

亞典都

隔海典亞以義島

亞西島

其拉島

安突島

地尼島

拿破利

拿破利海隔

巴嶽利邦

巴嶽本邦

他希

邑仦特

拉哥

尼部

可羅其海隔

查利戕島

巴鹿島

昌戕米

撒多林島

亞米戕島

士但巴利島

干 地 海

干地地島

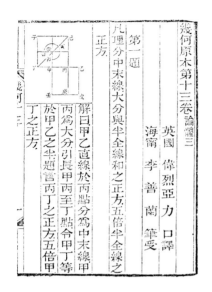

紀的歐幾里德」。我國學者梁啟超在閱讀《幾何原本》漢譯本以後指出，譯本「字字金精美玉，爲千古不朽之作」。不過利瑪竇和徐光啟當時只翻譯了前六卷，後九卷是在1857年由英國人偉烈亞力（Alexander Wylie，1815～1887）和李善蘭續譯完成的。到這時，除上述《幾何原本》外，艾儒略（Jules Aleni，1582～1649）譯過《幾何要法》一卷，白晉（Joachim Bouvet，1656～1707）、張誠（Jean-Francois Gerbillon，1668～1720）等也用滿文翻譯過《幾何原本》的不同版本。應當指出的是，《幾何原本》中譯本的出版，傳播了西方科學文明的理性精神，引進了歐氏幾何及其演繹推論，在中國哲學思想史上具有極大的現實意義。

不過，西方傳教士介紹更多的是亞里斯多德的哲學和邏輯學。艾儒略在1623年編譯了《西學凡》一卷，此書是「一本歐洲大學所授各學科課程綱要」（哲學家朱謙之語），被稱為「西方教育綱要」。書中談到六種科目，即文科、理科、醫科、法科、教科、道科，這裡說的「理科」（後來譯為「哲學」）實際是多種學科的總稱。艾儒略指出，理科課程分為五門，即亞里斯多德的邏輯學、自然哲學、形而上學和數學、倫理學。作者指出，西方哲學源於「西士古賢，觀天地間變化多奇，雖各著爲論，開此斐祿之學。」他又提出亞里斯多德，把他作為西方哲學的奠基人。他強調哲學的五門科目中，邏輯學位於首位。作者在書中對於亞里斯多德的邏輯學作了扼要的初步介紹。

對亞里斯多德邏輯學作了全面介紹的是李之藻和傅汎際（Francois Furtado，1587～1653）在1626年合譯的《名理探》。此書是根據葡萄牙科因布林大學的講義譯成中文的。該書原名為《斯大齊里人亞里斯多德辯證大全疏解》，據學者分析，此書對於亞里斯多德邏輯學的闡述，大部分來自亞里斯多德的「四謂詞理論」。由於這是第一次向中國人介紹西方邏輯學，具有十分重大的理論意義。同時也為中國近代邏輯學的發展奠定了基礎。

耶穌會上又介紹了亞里斯多德自然哲學中的「四元素論」。這是希臘自然哲學的重要內容。利瑪竇在《乾坤體義》中把四元素稱為「四行」。「天下凡有行者，俱從四行，成具質曰：火、氣、水、土是也。」對四元素說介紹最為詳細的是傳教士高一志（Alphonse Vagnoni，1566～1640）的《空際格致》一書。他從哲學和宇宙論上闡述了「四元素論」，又從自然科學的方面敘述了由四行產生的現象。耶穌會士還對亞里斯多德的「四因說」作了介紹。這是亞里斯多德哲學的重要內容之一。它是希臘古代哲學的一個總結和

概括。

傅汎際和李之藻編譯的《寰有詮》是亞里斯多德著《論天》的註釋本，原書也是科因布林大學的哲學講義。它闡述了亞氏自然哲學，也是他的天體宇宙論的基礎。

2. 某段時間的中國人眼中的希臘　文—傅凌

清初以後，希臘在中國人的認知裡的變化，可以看幾本與地理相關的書籍中的相關記載。

康熙年間，義大利人艾儒略所成的《職方外紀》中，希臘的名字叫作「厄勒祭亞」，該條之下，主要是描述地理，間雜一些傳說，有這樣的說明：

「厄勒祭亞在歐邏巴極南……其聲名天下傳聞，凡禮樂、法度、文字、典籍，皆爲西土之宗，至今古經尚循其文字。所出聖賢及博物窮理者，後先接踵。今爲回回擾亂，漸不如前。其人喜啖水族，不嘗肉味，亦嗜美酒。東北有羅馬尼亞國。其都城周裹三層，生齒極衆，城外居民綿亙二百五十里。有一聖女殿，門開三百六十，以象周天。附近有高山，名阿零薄，其山頂終歲清明，絕無風雨。古時國王登山燎祀，其灰至明年不動如故。」（《職方外紀·厄勒祭亞》）

到徐繼畬（1795～1873）所成的《瀛寰志略》，以及魏源（1794～1856）所著的《海國圖志》中，希臘已經名之爲「希臘國」。其下相關的過去歷史，已經很簡要，但是也很完整而生動的敘述，尤其把希臘的文化價值作了很清楚的定位：

當上古時，歐羅巴人草衣木食，昏濛未啓，有夏中葉，東方列國已向化，義納孤一作桔木。從迦南抵希臘，迦南即猶太。始教土人以構屋營居，耕田播穀。有商中葉，灑哥落從厄日多來，即麥西。立國於雅典，始織羊毳爲衣，釀葡萄爲酒，取橄欖爲油，鑄金鍛鐵作刀刃耒耜。又以文字傳其土人，歐羅巴之開淳闢，通文學，實自希臘始。（《瀛寰志略·歐羅巴·希臘國》）

那時正是希臘獨立戰爭如火如荼之時，所以也有如下記載：

道光二年憤起畔土耳其，列西國憚其雄氣，各出精兵助之。土耳〔其〕王不得已退軍，封希臘使自主，近日偃武息爭矣。庶民好華，冠服倣土耳其族。女梳其髮爲巧髻，身蓋薄徹綿帕，男女悅歌喜樂。……古時眾士聚其城中，辯道論理，耶穌之門生保羅至其邑傳道。其神廟皆傾倒，尚存古蹟而已。（《海國圖志·大西洋·希臘國》）

另外，康有爲遊過希臘，對當時的所見所聞別有一番描述，尤其他的感嘆，饒有興味：

又向慕希臘自古之文明，皆由海島所發達，心向往之。及此乘舟，終日看山，望此十洲島嶼，應接不暇。惟山皆枯槁，絕少林木，色皆灰淡，若剝皮，睹之索然，絕無滋味……吾想昔者希臘及東羅馬盛

大陸思想界的元老，去世未及兩年的李慎之老先生，在一篇文章中談到顧准的希臘史研究時說：

「顧准從一經濟學家轉而鑽研西洋歷史，看似奇怪，其實理由倒也不難索解。他不但是一個經濟學家，更是一個革命者。他出身貧寒，十七八歲便投身革命，既幹過地下工作，也幹過政權工作，甚至狂熱的理想主義者，但是五十年代以後個人的遭遇，國家的命運，不可能不使他要努力弄懂『民主』是怎麼一回事。當他意識到民主起源於古希臘與羅馬的城邦國家以後，就下定決心要用十年的時間，先研究西方的歷史，再研究中國的歷史，進而在此研究的基礎上對人類的未來進行探索。可惜的是癌症不容他完成這個計畫。他在三個月（1974年2月2日至5月2日）的時間裡寫下了十萬字的筆記。雖然它既沒有完稿，也沒有達到使自己滿意的標準，對我們這些後來者來說已經感到啟發多多了。」

顧准是一位典型的民主鬥士。因為爭取民主自由，從五〇年代開始他屢遭打擊，妻離子散，連老母都不能在臨終前見一面。但他對中國的民主前途有堅定信心。一位海外的思想家陸山先生說：「顧准當年是在地獄中思考，留下了一條在隧道中掘進的思想軌跡。他放棄了地面上的庸碌前程，進入一條料無善終的不歸之路。」五十九歲去世的顧准，在地獄中思考的物件居然首先是希臘的城邦制度。古希臘對中國改革者魅力可謂大矣！

十來萬字的《希臘城邦制度》全書，到上世紀末終於問世。由此在大陸引起陣陣思想巨浪，形成了一股研究希臘的熱潮。

不一定直接由顧准的研究引起，但本世紀初又一場關於民主、自由問題的討論，卻又由希臘的故事引起。那是一位學者徐友漁先生在介紹哈伯瑪斯「主權高於人權」的觀點時，提到了希臘悲劇索福克勒斯的《安蒂岡妮》。他提出：「城邦的律令或統治者的意志是否是人民行為的最終道德根據，最高法律依據？當那些東西和世所公認的天理良心衝突時，當人們服從天理良心而不服從現存的律令時，正義在哪一邊？」於是引發了對《安蒂岡妮》本身的理解和討論。有人提出是否有「安蒂岡妮的天條」的存在，加以反駁。直到最近，又有論者提出，「不要簡單地說安蒂岡妮（亦即古希臘人）的信條是迷信」，「只屬於一個人的城邦不算城邦」，因此要重視這個劇本對專制獨裁者的抵制。「這個劇本相當充分地表論了對雅典民主思想的忠誠。數千載以後，讀來仍教人熱血沸騰。」

毛澤東多年來反對學者「言必稱希臘」，由是影響了大陸希臘學的發展。老人家去世不多年，古代希臘思想一再復活，居然激起了中國大陸一陣陣追求民主的熱潮。

後語：近年來，大陸和希臘相關的出版雖然還是很蓬勃，但這方面的工作問題還有不少。舉個小例子：書是出得多了，但書中譯名有時不夠統一，又不肯費力做Index。例如引起特洛伊戰爭的絕世美女海倫，在近出的《奧德修紀》中被譯為「赫連妮」，就不免使人駭異。另外，不少譯作印製簡陋，校勘不精，也為人所詬病。

希臘與中國，古文明與現代世界
羅界爵士新著讀後隨筆

中國和西方當然有著重要的差異，但那是程度的不同，而非性質上的根本差別。

文─張隆溪

在世界古文明中，希臘在西方的影響極為深遠，中國在東方文明傳統中，也大致占有同樣地位。希臘文明以及後來範圍更為廣大的希臘羅馬文明，在歐洲、中東和北非都發生廣泛影響，與伊斯蘭文明和印度文明也有各種融合與衝突，但大致說來，中國文明在古代乃至中古很長的歷史時期裡，基本上沿自身的歷史軌跡發展，不像伊斯蘭或印度文明那樣，與希臘文明有深入的相互交往和影響。

東西方文化思想的異與同

換言之，古中國和古希臘不僅在地理位置上相距甚遠，在文化上也有很大差異。由於這個原因，中外學術界在研究各文化傳統時，歷來有不少人把希臘和中國視為文化差異的例證，認為二者之間沒有什麼相通之處，卻常常表現出截然相反的意識和價值觀念，成為文化二元對立的典型。當代西方一些學者，包括專門研究中國的漢學家，有不少人都持這種東西文化對立的觀點。

但近十多年來，也有一些學者研究希臘和中國，針對文化的二元對立提出不同看法，努力溝通東西方文化之間的理解和交流。在這一方面，英國劍橋大學研究希臘古典的權威學者、曾擔任劍橋大學達爾文學院院長的羅界爵士（Sir Geoffrey Lloyd），就是一位出色的代表。

自1987年以來，羅界爵士由研究希臘思想和科學而對希臘與中國文明的比較發生興趣，出版了不少涉及希臘和中國古代思想的專著，如《破除思想模式的神話》（*Demystifying Mentalities*，1990）、《對手和權威》（*Adversaries and Authorities*，1996）、《求知的志向》（*The Ambitions of Curiosity*，2002）、《道與言》（*The Way and the Word*，2002）等等，在希臘與中國的比較研究方面取得十分豐碩的成果，證明了打破東西方思想互不相干的孤立狀態，在比較研究中相互發明，實在大有可為。今年春季，牛津大學出版社又推出了羅界爵士的新著，題為《古代世界與現代思考：希臘與中國科學及文化的哲學探討》（*Ancient Worlds，Modern*

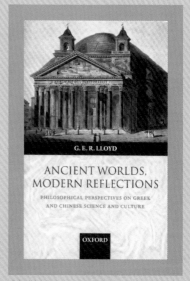

《古代世界與現代思考：希臘與中國科學及文化的哲學探討》（*Ancient Worlds，Modern Reflections：Philosophical Perspectives on Greek and Chinese Science and Culture*，2004）書影。

Reflections：Philosophical Perspectives on Greek and Chinese Science and Culture，2004）。在此我想對這部新著略作介紹。

羅界爵士此書希望探討兩個問題，一是「在古代文明中，研究科學意味著什麼？這種研究對現代的哲學爭論有

何貢獻？」另一個問題是「如何使古代歷史對當今世界一些重大的社會政治問題，能夠有啓發的作用？」把這兩個問題歸納起來，其實探討的就是古代希臘和中國的文明對今日世界有什麼意義。

說起研究古代科學，立即就發生如何界定科學的問題，因為古代世界並沒有現代意義上的科學。在古代美索不達米亞、希臘和中國，都有觀測天象的紀錄，並由此發展出目的頗為不同的兩種預測：一種是預測天體星座本身活動的軌跡，另一種是預測人世的活動，認為天象可以影響和預告人間事務。在現代人看來，前一種是天文學的科學研究，後一種就只是占卜星象的迷信了，可是古人並不作如此分別。雖然古希臘人已經使用天文學（Astronomia）和占星術（Astrologia）這兩個詞，而且托勒密（Ptolemy）在其著作中已將這兩者作明確區分，但在古人看來，二者並非互為水火。

中國古代從太史局到欽天監，一直有專職觀測天象的官員，對天體活動有詳細紀錄，可是「天人合一」的觀念和西方天象與人世、大宇宙與小宇宙對應的觀念一樣，都把自然和人文混為一談，與現代講究「客觀」的科學觀念完全不同。由此可見，古代文明和現代世界之間有很大差異，理解十分不易。

古代世界本身也充滿差異。如數學在希臘以從公理演繹為主要方法，歐幾里德幾何學即其代表，但在中國，公理演繹並不是目的，而是通過實例來把握數學的基本原理和模式。在醫學上，「希臘人一般注重研究結構和有機體，在中國則往往更強調過程、互動和反響。」中西醫的區別當然十分明顯，西醫的治療方法和病理學原理，和中醫的把脈、針灸及中草藥理論完全不同。另外，希臘哲人在互相競爭中發展出形式邏輯與修辭學，而中國諷諫傳統主要是對皇帝和上層官吏進言，目的不同，形式也很不一樣。由此可見，希臘和中國、東方和西方，的確在思想文化傳統上有很多差異。

文化對立論的邏輯謬誤

既然古代和現代之間，希臘和中國之間，到處都存在許多實質性的重大差別，跨文化理解和溝通還有可能嗎？有些學者認為東西方之間、希臘和中國之間毫無共同點，沒有比較和溝通的可能，但羅界爵士一貫反對文化的二元對立，並指出這種對立論從實際經驗和邏輯上說來，都站不住腳。「從經驗上說來，無論相互理解是多麼難於達到，而且總不那麼完善，但卻從來沒有一個人類社群是全然無法與外界溝通的。從邏輯上說來，如果我們確實面對一種完全無法理喻的概念系統，那麼我們按理就完全不能對之有任何了解。」

這就是說，如果兩種文化的確完全不能溝通，那麼誰也不可能知道它們不能溝通，因為要知道這一點，就必須對兩種文化本身都有全面徹底的了解，而這種全面徹底的了解又恰好是文化對立論認為根本不可能達到的。羅界爵士指出文化對立論這一邏輯上不能自圓其說的錯誤，就從根本上動搖了這種謬誤卻又頗有影響的理論。

文化對立論者常常提出，希臘有抽象邏輯和真理觀念，而中國卻沒有這類觀念，或者說希臘和中國對於什麼是符合邏輯、什麼是真，都有截然不同的看法。羅界爵士用了兩章篇幅討論相關問題，認為儘管中西文化有許多差異和不同，但並沒有互不相通的邏輯。

至於真理，他首先指出，大致說來「希臘有關真理起碼有三類不同的立場，」即「客觀論、相對論和懷疑論。」如果說巴門尼德斯（Parmenides）、柏拉圖和亞里斯多德算是客觀論者，普羅塔哥拉（Protagoras）則是相對論者，而皮諾懷疑派則代表懷疑論者。這些互不相同的立場說明，「希臘並沒有單一的真理觀念。希臘人不僅對真理問題有不同答案，而且他們對問題本身也有不同的看法。」

中國古人對於這類問題，也有不同答案和看法。荀子主張正名，認為應該「是其是，非其非。」莊子卻認為是和彼都各有其是非，於是懷疑是和彼的區別：「果且有彼是乎哉？果且無彼是乎哉？」羅界爵士認為荀子的看法近於亞里斯多德，而莊子的看法則「甚至比普羅塔哥拉相對論還走得

更遠」。他最終的結論是，希臘和中國都沒有一個統一的真理概念，而各不相同的意見，使得什麼是真理，要根據不同場合、不同領域來界定。

最終說來，亞里斯多德所謂實際理性的認識（Phronesis），和中國古人對真知的探討最能契合，所以希臘和中國、東方和西方，在認識真理的問題上並沒有根本差異，而可以互相展開對話，以求取長補短、相得益彰。中國和西方當然不是沒有重要的差異，但那是程度的不同，而非性質上的根本差別，是羅界爵士所謂「探索方式」（Styles of Enquiry）的差異。

重溫古代思想，反思今日社會

在此書最後幾章，羅界爵士力求使希臘和中國的古代文明，對今日世界有所關聯和意義。他的討論尤其涉及高等教育、人權和人性以及民主觀念等問題。他指出，古代希臘和中國雖然在辦學目的和方法上有所不同，但都很重視知識和教育，可以給現代世界一些啓迪。「從中國傳統可以學習的是對過去的尊重，雖然不應該由此而忽略了現在和未來。從希臘傳統可以學習的是對教育本身的尊重，而不是因為教育可以給人學歷和資格，有助於將來的具體工作和事業。」古希臘講學都是私人性質的，沒有政府資助，但也就比較獨立，中國的教育和科舉考試則從來是國家體制的一部分，這大概形成二者在教育和文化生活許多方面的差異。

然而這兩種文化傳統都把教育視為本身就具有價值，所以羅界爵士說，「教育不是商品，而是人類的一個基本價值」。當今世界普遍注重實際應用，而不重視知識本身的價值，回顧古代希臘和中國的情形，就有助於我們思考如何改進大學教育的問題。

本書對人權和人性的討論，也很能發人深省。雖然希臘的斯多噶派哲學家講世界公民，中國的墨子講兼愛，但古代世界並沒有真正人權的觀念，即很少或根本沒有「人作為人具有某些不可剝奪的權利」這一觀念。人權是現代觀念，古人不大會強調個人特權，而更多強調義務和責任。羅界爵士認為，「現代人關於權利的言論，在古人聽來大多會顯得過分注重自我利益」。他認為這正是現代人可以從古人學習的地方，因為「強調公平、平等和責任，比奢談權利更可以為解決社會問題，提供更廣闊的基礎」。此處的討論當然不是否定現代的人權觀念，但羅界爵士確實希望藉由古人來提倡義務和責任的美德，他們比較能做到合理平衡、自我克制的風範，來矯正現代人過度膨脹的自我中心主義。

在題為〈民主的批判〉一章裡，他把這種批判精神更推進了一步，這也是此書最具政治性、最直接介入現實的一章。羅界爵士對當今世界西方各國以及國際政治作了嚴肅的檢討，突出他所謂「民主的弱點」，尤其是美國及其政治領袖們表現出來的弱點。在西方民主國家，選民對參加投票選舉

普遍冷漠，推選出來的領袖人物有多大代表性，於是成為一個問題。此外，大公司、富人和各種特殊利益集團對政府官員游說疏通，對政府決策有太大影響，成為民主社會另一個重大問題。從國家進入國際的層面，出現的問題更多，也更難解決。民主原則如何應用於國際社會，至今沒有準則，而聯合國並沒有實際力量執行其決定。

換言之，在蘇聯解體之後，美國成為唯一的超級大國，當美國不接受聯合國某些決議時，聯合國也毫無辦法。羅界爵士認為，在國際經濟和國際政治領域，美國的所作所為很難說表現出民主精神，而這一狀態似乎也沒有任何跡象，表示會很快改變。但無論如何，正如羅界爵士也承認的，「民主仍然為政治生活行為提供了唯一公平、唯一正當的框架」。我們思考民主的弱點和低效率，不可能是回到沒有民主的古代去，而只能是使民主制度更完善，更美好。在這方面，羅界爵士在此書結尾為讀者提供了一些很有價值的想法，可以讓讀者們去認真思考。總的說來，這是一本很有價值的好書，可以為讀者提供許多知識、批評思考和洞見，由此使我們明白古代文化，特別是中國和希臘的文化傳統，在今日現代社會裡的價值和意義。　　　　　　　　　■

本文作者為香港城市大學比較文學與翻譯講座教授

Part 3

Myths

神話

I 黃金種族

起初之日，天地既分，爲泰坦神所統治，克羅諾斯爲眾神之王。其時四季皆春，地上穀物自生，河流牛奶與蜜。於是普羅米修斯奉命造人，是爲黃金種族。他們生活如神，永遠享受筵樂，沒有勞累、悲傷和憂愁；他們沒有後嗣，生命結束之後，可以守護神的身分，在雲霧中隨處行走。

II 白銀種族

宙斯成爲眾神之王，天地爲奧林帕斯諸神所統治。其時，春天縮短，四季形成，穀物不再自生，河中只有水流。諸神再度造人，是爲白銀種族。他們可以在母親的照顧下度過百年的兒童歲月，才剛成熟不久則要死亡。他們有了憂愁，也沒法節制自己的情緒，不免粗魯，甚至對神。於是宙斯滅絕了他們。只是他們不是全然沒有道德，所以不能不享有某種光榮，於是在死後可以鬼魂的身分，在地上行走。

III 青銅種族

宙斯造人，是爲青銅種族。他們高大粗壯，好勇鬥狠，心如鐵石，相互爭殺。宙斯憤怒之下，滅絕他們。這些人死後，只能進入陰暗的地府。

IV 英雄種族

宙斯再造英雄種族。英雄種族半神半人，比前一代人類高貴公正，倚靠大地上的出產而生存。但他們仍然不免陷入仇殺，死亡慘重，特洛伊的戰爭正是一例。宙斯同情剩下的英雄，就把他們送到天邊的極樂島居住，那裡的土地一年爲英雄長出三次甜美的果實。

V 黑鐵種族

宙斯再造第五代人類——

黑鐵種族。這種人類，既無體力，也沒智力，只能彼此算計，做出種種既蠢又笨，既軟弱又凶狠的事情。他們對父母不孝，對朋友不親，對客人不禮。他們勞累、憂傷，所以粗魯、嫉妒，因此不但樂於虛僞，更甘於作惡。對於這種人類，奧林帕斯山的諸神，只能遠離而去。黑鐵時代的人類，唯一剩下的憑藉，就是希望……

*另有一種說法，當宙斯要用洪水滅絕青銅種族的時候，從其中挑選了品德最好的丟卡利翁（Deucalion）和皮亞拉（Pyrrha）夫妻，要他們預造大船避禍。水退之後，丟卡利翁和皮亞拉撿拾石塊丟在身後，形成男人、女人。所以今天的人類也可以說是「石頭種族」。

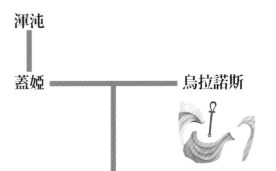

神與人的系譜

文—編輯部　繪圖—吳孟芸

1.眾神的父母

最初，沒有天地。宇宙之間只有一片渾沌（Chaos）。然後，「蓋婭」（Gaia）誕生於渾沌之中，成為大地之母。蓋雅不假外力，生出烏拉諾斯（Uranus），也就是天空。天空與大地不斷交配，孕育了許多子女，但是由於天空一直壓迫著大地交媾，這些子女都沒法從母親的身體裡生出來，彼此擠壓，也讓母親痛苦不堪。因此蓋婭只得聯合子女反抗父親，造了一把鐮刀交給大兒子克羅諾斯。克羅諾斯在他父親次次交媾的時候，把他閹了。失去命根子的父親烏拉諾斯痛極抽身遠去，天地這才得以分開。而一直擠壓在蓋婭肚子裡的子女才紛紛跳了出來。這些子女分泰坦神和巨人族兩大類。

渾沌

蓋婭　　　　　　　　　　烏拉諾斯

2.泰坦神

泰坦神（Titans）共有十二名，六男六女。彼此相婚，或是生出子女。這裡只記六人。

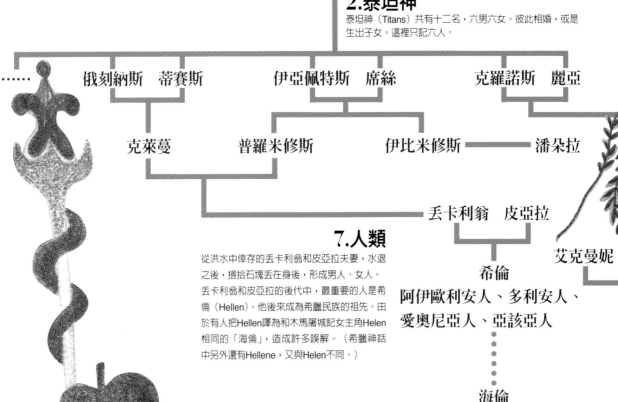

……　俄刻納斯　蒂賽斯　　伊亞佩特斯　席絲　　克羅諾斯　麗亞

克萊蔓　　普羅米修斯　　　伊比米修斯　　潘朵拉

丟卡利翁　皮亞拉

艾克曼妮

7.人類

從洪水中倖存的丟卡利翁和皮亞拉夫妻，水退之後，撿拾石塊丟在身後，形成男人、女人。丟卡利翁和皮亞拉的後代中，最重要的人是希倫（Hellen）。他後來成為希臘民族的祖先。由於有人把Hellen譯為和木馬屠城記女主角Helen相同的「海倫」，造成許多誤解。（希臘神話中另外還有Hellene，又與Helen不同。）

希倫

阿伊歐利安人、多利安人、愛奧尼亞人、亞該亞人
．
．
．
海倫

3.巨人族

分獨眼巨人庫克羅普斯和百臂巨人赫卡冬克羅兩組，各組有三胞胎兄弟。這兩組兄弟從蓋婭肚子裡出來後，被克羅諾斯所嫉，關到地獄，後來為宙斯解放。

庫克羅普斯
赫卡冬克羅

宙斯

赫拉
雅典娜
阿波羅
阿特密斯
赫爾米斯
阿利茲
赫菲斯托斯　　**波賽東**
阿芙羅狄特　　**戴奧尼索斯**
迪密特

4.奧林帕斯十二主神

宙斯逼克羅諾斯把吃下的弟妹都吐出來，然後到地獄放出巨人族，並且聯合泰坦族的普羅米修斯等人，和泰坦諸神進行了一場歷時久遠的大戰，最後泰坦敗走。宇宙為奧林帕斯十二主神所統治。宙斯被推為眾神之王。宙斯集各種相成相反之性格與特質於一身。但最重要的，不能忘記他的風流。他沒有對象不可愛，到處撒下愛的種子，造成許多混亂與悔恨，也引出了許多精采的故事。

5.奧林帕斯十二主神以外的神

這裡面最重要的一位就是愛樂（Eros）。愛樂又名「老愛神」，與專管男女之愛的「小愛樂」（也就是日後的丘比德）有別。愛樂是無關男女，一種最深層的愛的力量。蓋婭誕生於渾沌之中以後，在生出「天空」烏拉諾斯之前，先生了愛樂，這樣後來才能不假他力，自己生出烏拉諾斯。這裡再列舉其他一些神。

愛樂　　　　　**命運之神莫雷**
黑地斯　　　　**森林牧神**
繆斯　　　　　**山精**
希碧　　　　　**風王阿伊歐樂士**
涅羅士　　　　**復仇女神**
普魯投斯　　　**睡神**
潘　　　　　　**死神**
水精　　　　　**地獄犬**

6.英雄

半神半人。英雄的人數太多，不及備載。這裡只記載赫拉克列斯與其他幾位。

柏修斯
奧德修斯
阿基利斯

赫拉克列斯

CRONUS

克羅諾斯

（Cronus）──
泰坦神老闆大克羅
諾斯被推為統治宇
宙的眾神之王，他以
妹妹麗亞為妻，生了許
多子女。但是克羅諾斯因為
自己曾經鬥過父親，並且被預言將
來也要被自己的子女所推翻，所以心裡有鬼，每次子女一出生就立
刻吃掉，以免後患。到生最小兒子宙斯的時候，麗亞不捨，用石頭
冒充宙斯，宙斯才逃過一劫。

HERA

赫拉

（Hera）──
最好妒的天后。
負責掌管婚姻與女性
生活的女神，雖然貴為
天后，但是天性善妒，只要
是與宙斯有染的女子，莫不遭到
赫拉報復，就連小孩她都不會放過。

CYCLOPES

獨眼巨人庫克羅普斯族（Cyclopes）──這些獨眼巨人是蓋婭和烏拉諾斯
額上只有一隻眼睛，居住在孤島上的山洞中以動物為食。奧德修斯漂流到這
時，巨人吃掉了他的夥伴，奧德修斯最後用計以燒熱的長矛戳進巨人波呂斐

APHRODITE

ATHENA

雅典娜（**Athena**）——最有智慧的神。她一出生就穿著盔甲、拿著神盾，以及宙斯給她的武器——雷霆，掌管戰爭與技藝，強調智慧與戰術，是宙斯十分信任的子女。

DEMETER

阿芙羅狄特（**Aphrodite**）——美之神。傳說她是從海中泡沫誕生，在羅馬神話中稱為維納斯，掌管愛情，也是一位感情豐富的女神，除了自己丈夫火神赫菲斯托斯之外，也跟其他男神發生關係，生下許多小孩。

迪密特（**Demeter**）——大地豐收之神。手持黃金寶劍的大地之母。她為大地帶來豐饒的物產，也教導人類耕種，她和宙斯生了一個女兒，卻被冥王擄走，她傷心過度，導致萬物枯竭。

赫爾米斯（Hermes）──信息與商業之神。他的頭上與腳上都長著翅膀（一說是帶著有翅膀的帽子與穿有翅膀的涼鞋），手持一根蛇杖，他的工作是替宙斯傳達訊息。他也是竊盜之神，傳說他出生不到半天，就偷走阿波羅的箭和箭筒。

赫拉克列斯（Hercules）──最悲情的英雄。宙斯偷情所生，力大無比。由於為赫拉所嫉，被驅使發瘋，殺死自己的子女。後來歷經千辛萬苦，執行十二件任務得到解脫並得到心愛情人，但最終又死於愛人之手。死後升格為神，

黑地斯（Hades）──地府之神。他是統治冥界的神，是宙斯的兄弟。他曾計誘大地女神的女兒波瑟芬，強搶她入地府成為冥后，也因此替人類帶來了冬天。

HADES

HELLEN

HELEN

希倫（Hellen）──為洪水倖存者丟卡利翁和皮亞拉的後代，由他繁衍出阿伊歐利安人、多利安人、愛奧尼亞人和亞該亞人等，也就是希臘各部族。希臘國名Hellenic Republic即由此而來。

海倫（Helen）──號稱凡間第一美女，原為邁錫尼王阿格曼儂之妻，後來與特洛伊王子帕里斯相愛私奔，從而引發長達十數年的特洛伊戰爭。

ODYSSEUS

奧德修斯（Odysseus）──最以智慧見稱的英雄，特洛伊木馬屠城就是他獻的策。

當神話飛上夜空——十二星座從哪裡來？

在希臘神話中，十二星座的由來，幾乎都跟宙斯有關。

文—莊琬華

首先是**金牛座**。因為宙斯風流成性，看到美女就想弄到手。有一天，他看到美麗的腓尼基公主歐羅芭（Europa），當然心癢難耐，於是就化身為長著金角的公牛去接近公主，當公主騎坐到他背上，他就立刻狂奔，把公主帶到一處新大陸，才現出原形。宙斯跟公主結了婚，後來並以她的名字來命名新大陸，也就是現在的歐洲大陸。而為了紀念這段羅曼史，宙斯就將他的金牛化身形象放到天空，形成了金牛座。

雙子座的由來，也跟宙斯的風流有關。因為他看上斯巴達國王的王妃麗達（Leda），於是化身為天鵝，到宮中與她親熱，後來麗達生了兩個蛋，其中之一是人間第一美女海倫，另一個蛋則生出了一對孿生兄弟加斯陀（Castor）和布魯克斯（Pollux），哥哥加斯陀只有凡人的生命，而弟弟布魯克斯則擁有不死之身。當他們長大之後，哥哥受到暗算而死，弟弟就請求宙斯讓他跟哥哥一樣死去，宙斯感於他們的手足之情，就將他們升上天空成為雙子座。

宙斯的風流帳，當然引發了妻子赫拉的不快，因此出現了**巨蟹座與獅子座**。這是因為宙斯有一次跟雅珂美內（Alcmena）生下赫拉克列斯（Hercules），赫拉想盡辦法要陷害他，先是讓他發瘋犯下殺死妻子的大罪，等他清醒之後，赫拉又慫恿亞底提斯王叫他完成十二項艱鉅的任務贖罪，第一項就是殺死奈米亞森林（Nemea）中一頭被稱為不死怪獸的食人獅王，經過一番激戰，赫拉克列斯終於殺死牠。宙斯認為這頭獅子十分勇猛，於是把牠放到天空，成為獅子座。

而赫拉克列斯的另一項任務是消滅九頭怪蛇，力大無敵的他快要獲勝的時候，赫拉便派一隻巨蟹去幫助九頭怪蛇，不過最後兩者都被赫拉克列斯打敗，赫拉感於巨蟹的忠心，於是把牠放到天空，成為巨蟹座。

赫拉克列斯還有一項英勇表現，就是征服半人馬族，不過他的毒箭卻誤傷其中一個叫做喀隆（Chiron）的半人馬，喀隆可是赫拉克列斯的老師，而且擁有不死之身，可是當毒無法解的時候，變成求生不得，求死不能。因為太過痛苦，所以宙斯答應喀隆的請求，賜他一死，而為了紀念牠的功勞，宙斯就將牠變成**射手座**。

宙斯也有女兒，其中一個是跟大地女神迪密特（Demeter）生的獨生女波瑟芬（Persephone），她是一位很美麗的女孩，某天冥王看上她，強行把她帶到地獄中，迪密特傷心欲絕，讓大地開始荒廢淒涼，人類也不再有收成，宙斯只好出面仲裁，派赫爾米斯（Hermes）去向冥王討還波瑟芬。可是冥王設計波瑟芬，讓她不能離開地獄，最後

雙方只好妥協，每年波瑟芬必須有三個月待在地獄，其餘九個月才能回到母親身邊，而那三個月就變成人間的冬天。宙斯於是將波瑟芬的形象放在天空，成為**處女座**，安慰迪密特。

宙斯喜好美色，有時候並不分性別。有一次，他看上一位美少年──特洛伊國的王子葛尼美迪（Ganymede），於是將他搶到了奧林帕斯山上，擔任替眾神斟酒的任務，因為葛尼美迪工作賣力，將眾神服侍得妥妥貼貼，因此宙斯對他十分滿意，就將他斟酒的樣子放到天上，成為**水瓶座**。

白羊座則顯示了宙斯的熱心救人。因為希臘國王阿塔瑪斯娶了女神涅斐勒（Nephele）生下一雙子女，姐姐叫赫勒（Hele），弟弟叫佛里克索斯（Puricsos）。可是後來國王另外娶了一個叫伊諾的壞女人做新皇后，新皇后每天虐待他們，甚至想殺害他們，於是他們的母親請求宙斯解救這對兒女，宙斯就派遣一隻會飛的金色公羊，背起兩個孩子飛往遠方。可是飛渡大海時，姐姐赫勒墜海而死，只有弟弟佛里克索斯騎著金羊到達黑海東岸的科爾喀斯國，而那頭金羊卻耗盡精力死去了。宙斯為了表彰金羊犧牲自己救出王子的功績，將它升上夜空，成為白羊座。

至於**摩羯座**跟**雙魚座**，則是因為宙斯的幽默。話說有天眾神正在舉行宴會，森林之神潘（Pan）吹奏美妙的蘆笛，引來長相十分恐怖的颱風（Typhon），於是眾神驚慌失措地四處竄逃，膽小的潘本來想變成魚逃走，不過法術失靈，只有下半身變成魚，上半身還是羊的形狀。至於其他神祇也各顯本事，宙斯變成大鷹，赫拉變成牛，阿波羅（Apolo）變成烏鴉，月亮狩獵女神阿特密斯（Artemis）則變成了貓。阿芙羅狄特（Aphrodite）跟兒子小愛樂（Eros，即小愛神丘比德 Cupid）則變成魚，她還用條繩子綁住彼此，避免走失。宙斯覺得那模樣十分有趣，於是把他們的樣子放到天空成為摩羯座跟雙魚座。

天秤座則是公正女神阿斯特莉雅（Astraea）的故事。因為她不忍心看到人類變得邪惡蠻橫，所以當眾神返回天庭之時，她依舊留在人間，用公平之秤和斬除邪惡的寶劍，希望能幫助人類找回善良本性，不過，人類的殘暴與爭戰使她最後還是放棄了，她帶著秤回到天上，成為天秤座。

不是每個神都像公正女神阿斯特莉雅一樣願意幫助人類，如果人類太過驕傲，也會引起天神的不悅。有個獵人奧利恩（Orion）就因為太過炫耀自己的狩獵技術，因此激怒赫拉，派了一隻毒蠍來暗殺他。這隻毒蠍悄悄爬到奧利恩腳邊，刺了他一下，成功毒死奧利恩，不過卻因為來不及逃走，便被倒下的奧利恩壓死了。不過牠終究達成赫拉指派的任務，因此被放到天上，成為**天蠍座**。至於獵人，則被宙斯化為獵戶座。因為他們的敵對關係，直到現在，這兩個星座永遠不會在夜空中相見。　■

神界風雲，
文明軌跡

希臘人保留史前時代的歷史與集體記憶的方式，
就是創造神話。

文——呂健忠

　　神話是遠古時代的信仰、科學、歷史、民俗、人生觀等文化
傳統的總彙，神話故事體現民族精神及其文化性格：有什麼樣的
民族就有什麼樣的神話。
　　希伯來人信仰全知全能的唯一造物主，以夏娃偷吃禁果的神話

圖為維雅尼（Antonio Maria Viani）所畫的「奧林帕斯山的眾神」（Gods and Goddesses on Mount Olympus）。

Corbis

試圖「合理」解釋為什麼至真至善的上帝一手創造的竟然是個不完美的世界；同樣標榜權威，儒家的聖王理想塑造了中國以家長為核心的文化性格。中國人因服從而壓抑的政治文化，和希伯來人因信仰而謙卑的宗教文化，就反映在各自的神話故事之中。

有別於東方的集體心態，西方強調個體的獨立，希臘神話所透露活潑奔放的想像力和挑戰禁忌的求知慾正是反映個體獨立之一端，這是古典希臘留給西方世界的一大遺產。

以想像窮究事理

發揮想像以探求真相當然不是希臘的專利。然而，想像力的發揮有個別與集體之分。同樣是多神信仰，中國的聖王政治產生定於一尊而體系一元的政治神話，希臘的城邦政治則產生多元競妍莫衷一是的神話政治——這裡說的「政治」泛指權力關係。正如羅馬詩人奧維德（Ovid，43 B.C.～17 A.D.）的《變形記》所顯示的，希臘神話的一貫之道不在於有常軌可尋的「譜系」，而是在於眾神永生與人生無常的鮮明對比。

這不是說希臘神話沒有譜系，赫西俄德（Hesiod，公元前八至七世紀）的《神譜》（Theogony）即是希臘神譜。不過這一部神譜的特色並不限於系統化的工作，同時也包括憑想像窮究事理的精神。同樣講開天闢地，希伯來和中國的創生神都是先驗的存在，前者超越於渾沌之上，因此只能憑信仰認識，後者生於其中，因此能夠成為垂世化生的典範。反觀希臘，在「眾神與人類之父宙斯」誕生之前，神話世界已歷盡滄桑，改朝換代和父子衝突一系列殘酷的鬥爭不絕於書。在那之前，赫西俄德甚至清楚交代從無性生殖「進化」到有性生殖的契機，即小愛樂（Eros，羅馬神話中維納斯之子丘比德，Cupid）的誕生。

由於愛樂的誕生，希臘從神話世界中拔地而起一枝獨秀。所謂「想像」，借用亞里斯多德《詩學》的措詞，就是化歷史為詩。就想像力而論，希臘神話最大的特色在於「人依照自己的形象創造神」，而不像中國人那樣「依照自己的理想創造神」。由於「神人同形同性」（Anthropomorphism），希臘人不諱言神也是兩性交合所生，因此具備隨血氣而來的一切特性。中國神有別於中國人，主要在於神具現為道德理想的化身，神在精神層面成為凡人仰止景從的標竿；希臘神有別於希臘人則在於其具體的Size「超」人。因此，人世間一切七情六慾，希臘神界樣樣不缺，所不同者在於眾神能比人類展現更壯觀的景象，諸如身材更高大、容貌更俊美、能力更高強，甚至脾氣更火爆、醋勁更強烈，愛恨情仇樣樣超人一等。

愛情與暴力情節反映當時政治

何以致之？希臘眾神說穿了不過是自然現象擬人化之後再賦予神格，如宙斯是雷神、阿波羅是光明神、愛樂是性愛神。他們是各自所司神職的化身，一如酒神戴奧尼索斯（Dionysus）是以葡萄汁為代表的大自然液體（包括植物的汁液和動物的血液）的化身，金工神赫菲斯托斯（Hephaestus）則是火的化身。我們不會因為雷殛致人於死而說雷神不道德，因為道德是用來規範人類的行為，因為自然現象不受道德的約束，因此希臘眾神所作所為與道德不相干，即amoral（道德中立），而不是immoral（不道德）。

那麼，希臘神話錯綜複雜的兩性關係又怎麼說呢？只就一事而論，宙斯的緋聞其實是希臘種族遷徙與文化融合的遺跡。邁錫尼文明崩潰之後，從北方陸續進入希臘的新移民成為古典希臘的新主人，愛琴海地區的史前傳說在集體記憶中沉澱成為神話。新移民陸續征服／收編先住民文化的歷史經驗，就反映在強勢族群的男神以弱勢族群的女神為「一夜情」的對象。神話世界的粉紅八卦，一如歷史上的和蕃政策或異族婚姻，乃是出於政治考量，無異於當今的跨國婚姻和政商聯姻仍然以

強勢男配弱勢女為主流。

實事求是的民族性也反映在希臘神話的暴力事件。一句「子不語怪力亂神」，中國多少原始神話慘遭滅頂或打入冷宮，縱使倖存也被扭曲得面目全非。希臘人卻務實地承認神話是過去的經驗，是歷史，雖然口語世代相傳或詩人個別創作難免產生變異，卻是萬變不離其故事的骨幹。希臘神話固然充斥亂倫與殘殺，但是比起晚至十八世紀成書的《紅樓夢》並不見得更不堪，差別在於一個面對事實而另一個筆下隱諱。弒父娶母的故事也並非希臘獨有[1]，卻只有希臘人據以創作出探討人類命運的曠世巨作。

從神話線索解讀歷史

以上所述希臘神話的特色，乃是西元前八、九世紀荷馬的兩部史詩《伊里亞德》和《奧德賽》塑造竟成。此時希臘剛揮別神話英雄時代而進入歷史時代，相當於文明進程從青銅時代進入鐵器時代。要明白希臘人如何保留史前時代的集體記憶作為創造神話的依據，有必要簡單交代史前文明發展的軌跡。

文明從兩河流域向四周擴散，西傳的一支分經海路（塞浦路斯島和克里特島）與陸路（小亞細亞）進入愛琴海，近東的城邦政治與宗教信仰挾帶隨行。約在公元前三千年青銅文明之初，克里特成為愛琴文化的發源地。到了青銅文明的晚期（1600～1000 B.C.），希臘本土伯羅奔尼撒半島的邁錫尼文明取代克里特島的邁諾安（Minoan）文明成為愛琴世界的文明中心。我們所熟悉的希臘古典文化即是北方南下的移民與東方西傳的文明彼此激盪融合，自公元前七世紀起在雅典自由的土壤開出奇葩的結果。

前述融合的過程，在希臘神話有線索可尋。例如皮格馬利翁（Pygmalion）看不慣塞浦路斯婦女淫蕩，只愛自己雕刻的女石像，後來阿芙羅狄特（Aphrodite）玉

成他們結婚。所謂「淫蕩」，意同《漢書·地理志》說楚人「重淫祀」，其實是當地女性仍留傳母系社會女神信仰的習俗，在這段希臘神話中即是反映塞浦路斯的女神信仰。

而阿芙羅狄特的神鳥是鴿子，希臘文作peristeri，意思是「伊絮塔（Ishtar）的鳥」，可見希臘愛神的前身，就是兩河流域的愛神伊絮塔。伊絮塔的丈夫是農牧神塔牧茲（Tammuz），閃語稱丈夫為'adon，此一普通名詞訛傳到希臘變成Adonis，即阿芙羅狄特的情人，也就是莎士比亞纏綿悱惻的故事詩《維納斯與阿多尼斯》工筆描繪的情侶。東方女神的情人傳到希臘，一個個成為長相俊美因而具有繁殖功能的植物神，酒神戴奧尼索斯也是個例子。至於特修斯（Theseus）斬殺囚於克里特迷宮的人牛怪，正如同神話所敘述的，從此就免除雅典向邁諾安王納貢童男童女的義務，這個故事正是反映當時雅典勢力方興未艾的歷史事實。

興衰之勢在天父與地母的聖婚臻於高潮：由北方來的移民希臘入侵者帶來了宙斯這位主神，隨著他們在愛琴海地區的擴張，宙斯的勢力範圍也不斷擴大，在「入境問俗」吸收邁諾安男神的性格與特徵之後，與克里特的大地女神赫拉（Hera）結為配偶。希臘人入主克里特並取代腓尼基人的海上霸權，在神話世界傳說成宙斯變形為公牛拐誘腓尼基公主歐羅芭（Europa），飛越希臘北部留下「歐羅巴洲」這個地名，最後抵達克里特。她為宙斯生下三個兒子，老大即是邁諾斯。歐羅芭失蹤之後，他的哥哥卡德摩斯（Cadmus）尋其下落未果，於是在希臘本土落腳，建立了底比斯城。咸信腓尼基字母就是卡德摩斯傳入希臘的。

史詩與悲劇的孕生

邁錫尼文明對希臘神話也有貢獻。邁諾安文明的火塘女神赫絲提雅（Hestia）得以進入奧林帕斯神族

（Olympians），就是因爲邁錫尼文明把以爐灶爲中心的正廳觀念引入希臘。克里特的女蛇神雅典娜（Athena）會變成雅典的智慧女神，即是以邁錫尼爲中繼站，她是那裡的戰爭女神。不過邁錫尼文明對希臘神話最大的貢獻在於發動一場特洛伊戰爭，譜出愛琴海史前文明的輓歌，也葬送希臘的英雄時代，更開啓長達四百年的沒有文字的黑暗時代。

此期間，關於特洛伊戰爭的短篇故事詩在愛琴海東岸廣爲流傳，荷馬將之組織成具有藝術價值的長篇故事詩。公元前五世紀雅典在泛雅典娜節（Panathenaea）舉行的音樂競賽，還是以荷馬的史詩爲「指定曲」，如此口語傳承直到希臘化時期，亞歷山卓城的學者才用文字記錄下來。

荷馬史詩的旨趣在於歌詠三百年前的英雄事蹟以垂後世的英雄典範。《伊里亞德》藉特洛伊的命運刻劃戰鬥英雄的情操，《奧德賽》寫特洛伊滅亡後希臘英雄奧德修斯的歸鄉之旅及其重整家邦的喜劇，呈現戰後新世代以智力取代體力的英雄情操[2]。荷馬之後五百年，悲劇詩人埃斯庫羅斯的《奧瑞斯提亞》，寫希臘聯軍統帥阿格曼儂（Agamemnon）凱旋歸國卻遭妻子與情夫聯手殺害，由此引出一場驚心動魄的陰陽大戰，涉及的層面之廣遍及我們所能設想的一切兩性戰爭，包括父女、母子、夫妻、男神與女人、女神與男人以及新舊世代的男神與女神，最後靠雅典娜創建司法制度才化暴戾爲祥和，取代部落時代冤冤相報的正義觀。在城邦社會的民主體制下，人類的集體智慧足以解決世代眾神解決不了的難題。

與特洛伊戰爭並列爲希臘悲劇兩大熱門題材的是伊底帕斯家族。有別於史詩奠定古典希臘的神學基礎，悲劇則開啓了人文視野的新境界。索福克勒斯的《伊底帕斯王》闡明理性之爲用：理智固然使人成爲宇宙的中心，卻也有其局限，突破禁忌的後果不堪設想。《伊底帕斯在科羅納斯》寫伊底帕斯洗淨百劫塵根之後的封聖記，他成爲代人類贖罪的受難英雄，也令英雄情操新開一境。

神話落幕，英雄永存

特洛伊戰爭爆發前大約三十年，伊阿宋（Jason）率領希臘各地的英雄好漢組成的遠征軍，搭上阿果號（Argo）前往惡水鄉[3]，此即追尋金毛羊皮的故事。取材此一神話最知名的創作，當推悲劇《美狄亞》。但這齣悲劇裡的伊阿宋已徹底「去神話化」，我們看到的其實更像是發生婚外情的中產階級丈夫。發展到這樣的地步，神話舞台不落幕也難。

由神界風雲引出的這些除魔、戰爭、受難與浪漫等類型的英雄，對希臘人來說可不只是神話故事而已。古典希臘的四大族群（Dorians、Aeolians、Ionians、Achaeans），共稱爲Hellenes，意即「Hellen的後代」，而稱他們所居之地爲Hellas（希臘文作Ελλας，音譯即「希臘」）。Hellen其人乃是大洪水倖存的一對夫妻（Deucalion與Pyrrha）的兒子，和《舊約》的諾亞一樣是優生傳宗的新世代，這段神話反映了北方來的移民鳩佔鵲巢的史實。中國人以「炎黃子孫」自稱，只不過是代稱，希臘人可是結結實實以神話人物爲國名。古希臘人把我們所稱的神話當作民族文化基本教材時，絕對想像不到是在爲往世累積遺澤。∎

本文作者爲戲劇學者

1 Lowell Edmunds在《Oedipus:The Ancient Legend and Its Later Analogues》（Johns Hopkins UP, 1985）書中蒐集了歐、亞、非三洲所流傳總共七十六個類似的故事。
2 「伊里亞德」意爲「伊里翁的故事」，「伊里翁」（Ilium）是特洛伊的別名。「奧德賽」則是「奧德修斯的故事」。坊間常見誤把標題「奧德賽」當作人名的情形，特此說明。
3 惡水鄉：Chochis，今稱Mingrelia，在黑海東岸。

英雄、人性和命運

古希臘人眞正崇拜的，
是這些英雄在面對命運和困境時，
所表現出來的積極樂觀的人生態度。

文—王甜甜

荷馬頭像

古往今來，在愛琴海的福澤下，希臘的陽光、海洋和古蹟陶醉了無數的遊客。置身希臘，高高的藍天，軟軟的細沙，還有那威嚴的巴特農神廟以及熱鬧的葡萄酒神祭，這所有的一切都提醒著你她的過去。明媚的陽光和恬靜的海水哺育出的是一個浪漫而堅強的民族，與之而生的還有輝煌燦爛的古希臘文明。大概沒人會否認，古希臘文明是整個西方文明的搖籃，而動人的希臘神話後來也成爲了後世文學大師們尋找創作靈感的沃土。當然，想起這些的同時，人們也總會記起荷馬史詩，這一取材於希臘神話，堪稱歐洲文學史上最早、最偉大的作品。

荷馬史詩成書於公元前六世紀。時至今日，這部人類童年時期作品的藝術魅力依然不減當年。翻開荷馬史詩，我們看到的是一部古希臘人生活的百科全書，它體現了古希臘人關於天文、地理、歷史、宗教、社會、藝術等的一切知識。然而，儘管史詩所提供的豐富資料與知識對其不可動搖的歷史地位和永恆價值的形成功不可沒，但史詩之所以不朽，更主要的還是因爲其中所描繪的上至天神、下至百姓，眾多生動精緻的人物形象；而作爲一部英雄史詩，其中最出色的自然還是詩人的英雄群像。

荷馬史詩歌頌的是英雄和他們的光榮事蹟，以及從他們身上所體現出來的勇敢、正義、勤勞和不屈服於命運的樂觀主義精神。《伊里亞德》描寫城邦之間的戰爭，謳歌了英雄攻城掠地時的英勇氣概，展現的是一種「陽剛之美」；《奧德賽》通過個人與自然的鬥爭，讚揚了英雄們的堅毅品格和聰明才智，讓人感到的是另一種「陰柔之美」。兩部史詩，亦剛亦柔，生動地再現了那個尚武時代的英雄形象。

圖為貝里（Leon -Auguste-Adolphe Belly）所畫的奧德修斯力抗海上女妖賽蓮（Sirens）的情景。

暴躁率真的性格英雄──阿基利斯

《伊里亞德》中，作為荷馬史詩的中心人物，阿基利斯最引人注目的就是他複雜而鮮明的個性。全詩正是以他的憤怒為開端，並以此為主線貫穿全文。統帥阿格曼儂仗勢奪走了阿基利斯的女俘，使他名譽受損，所以敢愛敢恨的阿基利斯公然與統帥鬧翻，一怒之下退出戰鬥，即便是面對同胞們被殺，他也仍然無動於衷。易怒的阿基利斯將個人榮譽看得比天還高，為了一己之私，他可以置希臘將士的性命

於不顧，但同時，秉性率真的他卻又像個孩童一般跑去向母親哭訴心中的委屈。至此，我們不禁要問，這樣一個任性衝動的人怎麼能說是大英雄呢？

其實，我們所看到的不過是這位英雄執拗的一面。請別忘記，阿基利斯也是人，有感情也有弱點。阿基利斯的弱點是明顯的：殘忍、任性、過分執拗，但是他也同樣擁有不少值得稱頌的美德：正直、重情義、真誠、善良。摯友帕特洛克羅斯的陣亡第二次點燃了他的怒火，使他毅然放下了傲慢的自尊心，重新殺入敵陣，為好友報仇。所以，怒火中燒的他殺死海克特後，會殘忍地將其屍體拖在車後狂奔洩恨。可是，面對要求贖回兒子屍體的老普里阿摩斯王，阿基利斯的怒火又立刻被感人至深的親情澆滅了，恢復了善良本性。他滿懷惻隱之心向老人伸手並將其扶起的場景，融化了戰爭的殘酷。透過阿基利斯暴躁卻率真，殘忍而又不乏同情心的複雜性格，詩人將戰爭和人性這兩種悖離的因素在他身上巧妙地融合為一，為他博得了性格英雄的美譽。

至於海克特，作為阿基利斯的襯托，其渲

染程度固然不及阿基利斯，但就性格而言，他卻更加完美，是一位更加成熟的悲劇英雄。儘管他預知特洛伊城和他的家庭，包括他自己，都注定要在戰爭中毀滅，但他還是義無反顧地肩負起保衛城邦的大任。同時，富於正義感的他儘管不齒於弟弟誘拐海倫的行為，並明白是特洛伊理屈，但為了自己的民族利益他不得衝上戰場。雖然他擁有比阿基利斯更完美的人格，但是在以勇猛和武功論英雄的荷馬時代，當他面對更為神勇的阿基利斯時，高度的責任感和自我犧牲精神就只能是為他的英雄形象籠罩上一層濃烈的悲劇色彩。

《伊里亞德》通過海倫、赫卡貝和安德洛瑪克這三位女性形象，分別從不同的角度強化了海克特的完美性格中所蘊含的這種悲劇性。首先，面對海倫這個給特洛伊帶來滅頂之災的美女，海克特並沒有就將她視作紅顏禍水，而是對這位前斯巴達王后尊重得恰如其分，表現出感人的男子漢風度和深明大義的英雄胸襟。其次，面對母親和妻子，海克特流露出充滿理性的感情：他深深地愛著她們，但這份愛中卻多出了幾分無奈，因為他的身分和職責令他必須放棄它！對此，他母親赫卡貝表現出女性少有的豁達大度。至於安德洛瑪克，儘管她悲哀，並哭著懇求丈夫不要出戰，但她心裡卻比任何人都清楚，無論是海克特還是她，誰都不會在特洛伊滅亡之後苟且偷生。

在海克特和阿基利斯的生死對決中，前者顯然處於弱勢，可赫卡貝和安德洛瑪克，以其至親女性的身分堅決地站在弱者一方，無疑為

海克特慷慨赴死的悲壯又添上了濃重的一筆。從海克特完美的性格中折射出來的悲劇性，也正是在這種高度的歷史責任感和視死如歸的英雄主義精神中得到昇華。從某種意義上來說，海克特的悲壯赴死比阿基利斯的取勝更加英勇感人。

返璞歸真的完美英雄──奧德修斯

在《奧德賽》中，主人翁奧德修斯不僅是古希臘「全才」型的英雄代表，也是西方文學史中第一個智勇雙全的「完人」形象。這位伊薩卡島的國王以其足智多謀、果敢堅毅而聞名於世，而著名的「木馬計」正是他的傑作。

奧德修斯不僅是明智的領導者，勇敢的戰士，生產的能手，還是受人愛戴和敬重的好父親、好丈夫。攻陷特洛伊城之後的歸途中，他因冒犯海神侄子而被迫在海上漂泊十年之久。在神祕莫測的海上歷險中，他遇到的艱難險阻和致命的誘惑不計其數，但他憑藉堅定的意念和出眾的才智，頑強地與自然抗爭，與命運搏鬥，最終得以回到家鄉，與妻兒團聚，展現了荷馬時代的英雄本色。

值得注意的是，在海外漂泊的十年中，奧德修斯曾不止一次地偽裝自己，甚至當他回到伊薩卡後，他也沒馬上公開自己的身分，直到最後通過比武殺死了所有的求婚者，他才以真面目示人。我們會發現所有的偽裝完全都是出於人類自我保護的本能。這位心思縝密的「智多星」深諳在兇險未知的世界裡，生存的艱難和偽裝的必要。可以說在西方文學中，奧德修

斯是第一個自我異化並最終返璞歸眞的完美英雄形象，他不僅代表了希臘人所嚮往的完美人性，更體現出他們對完美的不懈追求和努力。

都說每一個民族都有自己的偶像。毋庸置疑，古希臘人崇拜的便是以阿基利斯、海克特和奧德修斯爲代表的史詩英雄。可是，這三人卻都沒能逃脫命運對他們的束縛，最終，全爲此付出沉重的代價，甚至是自己的生命。其實，史詩中受命運所控制的又豈止這三位英雄！荷馬史詩中的命運總是耐人尋味的。權勢、智慧和愛情無法共存，就連生命和榮譽也總是擦肩而過。作爲王子的帕里斯得不到，身爲統帥的阿格曼儂也只能學會放棄；在這裡，命運似乎和所有的英雄都開了一個大大的玩笑，它讓所有的英雄都變得不完整。爲了成全英雄的榮譽，阿基利斯明知命運的安排而寧願選擇死亡；海克特卻因責任所迫，於無奈和痛苦中放棄了嬌妻幼子。江山和美人也許眞如熊掌與魚，不可兼得吧，只是荷馬史詩中的英雄幾乎無一例外都選擇了前者。

不斷追求人性的自我完善的渴望

於是我們看到，完美的結局無法遮掩阿基利斯性格中的缺陷，而有完美人格的海克特，其命運的悲劇性又太重，就連被譽爲「全才」的奧德修斯爲了這種完美也幾乎耗盡了時間和精力……。爲什麼古希臘人會崇拜如此不完整的英雄呢？我想，熟悉荷馬史詩的人一定知道，古希臘人眞正崇拜的，其實是這些英雄在面對命運和困境時所表現出來的積極樂觀的人生態度。

史詩中的每一位英雄，在卸下耀眼的光環後，展現在我們面前的只是一群活生生的，有七情六欲，有缺點的人。早已洞察到人性本質的古希臘人從沒因此而否定自己的偶像，也沒逃避這一現實；相反，從荷馬史詩中我們能強烈地感覺到的，是一種不斷追求人性的自我完善的渴望。

這種渴望的精神基礎是對神祇、命運的敬畏和服從，以及與部落集體主義精神相統一的個人追求。史詩中的英雄們在承認命運、服從命運的同時，又總是在不停地抗爭，積極爭取個人的光榮，從而實現社會中的個人價值。他們不斷與命運抗爭的精神和悲壯的情懷，以及由此沉澱昇華而成的悲劇精神，正是一種眞實人性的寫照，也是荷馬史詩中古希臘文化的一種極度張揚。

浸染了深厚文化底蘊的荷馬史詩通過對英雄的塑造，完成了對古希臘文化精神的定格和張揚，而英雄們不完美的人性和命運的比照，恰好完整地代表了古希臘文化精神的本質特徵：冒險、拚搏和奮爭。從另一個角度而言，這也正好折射出古希臘人的民族特徵：浪漫而堅強，熱愛並崇尚大自然。荷馬史詩中的英雄是眞正的人的英雄，而從他們身上所體現出來的人類童年時代的野蠻氣息和特徵，不僅印證了古希臘人敢於冒險、拚搏和抗爭的精神，同時，也造就了荷馬史詩長久不衰的生命活力。■

本文作者爲中國社會科學院外文所研究生

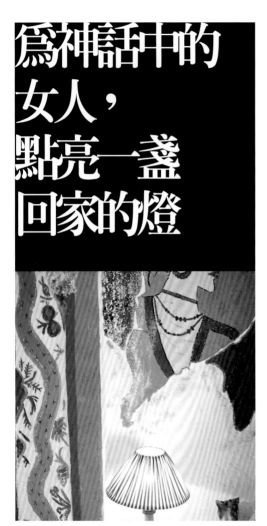

爲神話中的女人，點亮一盞回家的燈

若從當代女性的角度來閱讀，
希臘神話將有全然不同的一番風貌。

文—謝鴻均

人類交合，將神的權勢贈予或轉注到人間，讓人們一方面對眾神有所敬畏，一方面藉此投影出自己的種種假想式威風及陰暗面。

在這一齣又一齣前胸擠後背式的戲碼中，我們能夠輕易地找到男性主導的痕跡與相對於女性被物化的命運，以及男性的正直勇猛相對於女性的軟弱善妒。歷經兩千多年的敘述或許早已讓我們無從質疑這種主從關係的二元化，您可以和其他祖先輩們一般地閱讀與信奉，也可以選擇從心理學及當代思維來解讀，但在這裡，不論如何我將摻入女性的聲音並述異她們迷航的旅程。

尋找神話裡的陰性魂魄

各民族對神話詮釋有著不同的語彙與內容，它們編排且形塑著人性的原型（Archetype）及集體潛意識。羅洛·梅（Rollo May）在他的《哭喊神話》（*The Cry for Myth*）中，以心理學的立場將經典神話投影在文學與戲劇的題材中，發掘個人的現代危機、自我的原型、沈睡已久的記憶、以及心理學與神話之間的奧祕，並印證我們對神話亙古的依賴。若我們能仔細閱讀每一則看似荒謬的敘述，便會了解我們不論在意識或潛意識層面，似乎無法脫離神話的安排，日日都在實踐與重複神話的情節。也難怪希臘神話會被稱作「希臘悲劇」。

若閱讀希臘神話，就好比嘗試去探究一組相當複雜的符碼（如音樂的符碼、文學的符

希臘神話有許多荒誕不經的風月杜撰，並隱喻人類靈慾糾葛的情節，如宙斯不擇手段地將自己化作一隻天鵝與麗達（Leda）調情、化作人身羊腿的森林之神與安提奧坡（Antioope）交合、化作黛安娜（Diana，希臘神話中稱阿蒂蜜斯）引誘凱莉斯杜（Callisto）等等異性或同性戀情，他處處留香所衍生的後代成為希臘神話的男女主角，並有意無意挑起了人神相通的權力、慾望與愛恨情仇。宙斯以神的身分與

布雪（François Boucher），「黛安娜與凱莉斯杜」（1759），美國堪薩斯尼爾遜阿堅斯美術館。

碼、藝術的符碼等）裡面所不變的共有屬性。那麼，新的時代性「符碼」亦是會隨著時代的運轉而被披露或自行浮現的，這個新符碼即為二十世紀所耕耘的女性研究與女性認知，將為神話中的女性締造生命新意的能量。

　　佛洛伊德的心理學認知中，人類文明是建立在父子相弒的伊底帕斯情結（Oedipus Complex）（因男孩在五歲左右對母親的性愛幻想會因受到父親的壓抑而產生憎恨和恐懼，若能夠克制及跨越這種恐懼，便能夠從戀母情節中抽離而轉向對父親的認同，進而成功進入文明體系）上，若再深入探究其根源，會發現遠古人類社群的形成則是建立在「大父」（Primal Father）的弒殺之上。

從洪荒太古之初，在能量婆娑的顫動中孕生了大地女神蓋婭（Gaia），再由蓋婭孕生出穹蒼之神烏拉諾斯（Uranus）。天神與地母結合，生下了十二位泰坦神（Titans）、三個獨眼巨怪以及三個百臂巨怪。兒子們的勇猛善戰對烏拉諾斯產生威脅，於是這位父親計畫消滅兒子，但母親不忍，便密告最為凶悍的克羅諾斯，克羅諾斯於是將父親閹割致死，與妹妹麗亞（Rhea）完婚並接管父業。

雖然克羅諾斯治國期間，人們過著豐衣足食的日子，但烏拉諾斯死前立下咒言，指克羅諾斯亦將為他的兒子所弒，因此他便生吞每一個出生的兒子。麗亞為了拯救孩子，便將宙斯放在克里特島，騙克羅諾斯吞下石頭，待宙斯成長之後，結合被母親拯救的其他孩子一同攻擊克羅諾斯及泰坦族神，十年天崩地裂的爭奪結束後，終於讓宙斯成功登上天帝，並與妹妹赫拉結褵。

創世紀後，神話繼續在宙斯的權謀與韻事敘述中進展，其中一段支流是，當歐羅芭被宙斯所化身的牡牛擄走後，她的父親派遣兒子們去尋找，並規定沒有找到不能回來。其中一位兒子卡德摩斯（Cadmus）聽從阿波羅的建議，放棄搜尋而在底比斯建立自己的國家。由於背叛了父親，這位兒子的後代於是面臨了乖戾的下場，皆下來幾個世代皆受到母子、父子、夫妻之間相殘的多詭的命運折騰。其中以卡德摩斯的玄孫伊底帕斯最為著名，他在出生

波提且利（Botticelli），「雅典娜和山陀兒」（1482-1483），佛羅倫斯烏菲茲美術館。

的時候被先知預言會將自己的父親殺死，於是被雙腳刺穿捆起交給牧羊人，後來被柯林斯國王收養。當他知曉預言時，深恐會傷害父母親，於是離家流浪，卻在路途上意外地殺死了自己的親生父親，也在天時地利人和的條件中登上王位與自己的母親成婚。伊底帕斯王後來知道真相，在驚恐懊惱之餘，將自己的雙眼刺瞎，而皇后也懸梁自盡。

弒父？弒母？

在一次次的父弒子、子弒父的權力爭奪戰中，伊底帕斯劃下最具有戲劇張力的命運，亦成為佛洛伊德學說中最為顯赫的情節論述。英雄篇裡的伊底帕斯王弒父並與自己母親結婚，這固然成為佛洛伊德對男孩進入社群所必須跨過的神話敘述，更是父—母—子的人倫基本結構受到考驗並面臨鬆動的關鍵。也就是說，在一片父子殺戮中，母親的職務是持續生育孩子與拯救孩子，而父親就會因為嫉妒與恐懼而不斷殺戮，這當中沈澱出一個殘酷的因果關係。

法國當代女性研究者伊麗格瑞（Luce Irigaray）認為神話的發展被銘刻了男性中心的思維，讓二十世紀心理學學者在挖掘心靈層面時，仍帶有嚴重的性別偏頗。不過，由於神話的敘述仍舊保留有相當豐富的歧義，而這些歧義卻能夠提供重新詮釋的空間。藉著抽絲剝繭地探訪神話敘述，應能夠尋找父權體系進入歷史中心之前的文化根源，以及被男性所壓抑的女性慾望與言說。伊麗格瑞在尋求母親系譜的重建時，策略之一即是將焦點放在希臘神話。

伊麗格瑞對佛洛伊德的父子相抗伊底帕斯情結是文明之始提出一個駁正，認為父權制的建立實際上是從「弒母」之舉開始的。她從希臘神話中的奧瑞提斯（Orestes）弒母的故事來敘述早在「弒父」之前就有「弒母」了。奧瑞提斯是將特洛伊城攻陷的英雄阿格曼儂（Agamemnon）的兒子，他的母親克莉譚奈斯卓（Clytemnestra）是宙斯與麗達的女兒，她為出戰的丈夫等待了十年，日日站在城垛上觀望，而阿格曼儂曾因狩獵時殺了月神的聖鹿，月神為了報復而讓聯軍的船無法揚帆出征，於是他寫信給克莉譚奈斯卓誘騙女兒來獻祭月神。

克莉譚奈斯卓無法原諒阿格曼儂的行為，且漫長的戰役讓她失去對未來的希望，於是移情到丈夫的堂兄艾基斯塔斯（Aegisthus），而後阿格曼儂凱旋歸來，則被他們一同謀殺並趁機篡位。奧瑞提斯長大後，為了替父親報仇而將叔父與母親殺死。因為父權的建立必須要先斬去母親與孩子之親密的臍帶關係，如此父親才能夠以象徵性的方式站在人倫關係的中央，進而成為文明的主事。伊麗格瑞對佛氏對伊底帕斯的虛構、對遠古社會「弒父」的假設，以及她所提出的「弒母」神話解讀並置，以凸顯這個基於伊底帕斯情結的男權對於母親的殘殺。

宙斯也嫉妒的女性創欲生命能力

讓我們回到剝奪母女關係的敘述，雅典娜是宙斯與海洋之神密蒂斯（Metis）所生的女兒，由於宙斯聽信克羅諾斯（Cronos）曾下過的咒言，認為他們所生的一個兒子會竄奪王位，於是宙斯索性將懷孕的密蒂斯變成一隻蒼蠅吞下肚，這樣他不僅能夠保有王位，亦可占有密蒂斯。

當胎兒在他的肚子內越長越大時，宙斯要火神赫菲斯托斯（Hephaestus）用金斧砍開他的頭，於是雅典娜全副金盔武裝從宙斯的頭上光芒四射地誕生。雅典娜可說是有父無母的，但她有著天賦異稟的智慧，是以理性與冷靜為父執法的戰爭之神，深受宙斯的寵愛與信任。這凸顯了宙斯對於遠古以來男性喪權的惶恐，同時亦對女性創欲生命能力的嫉妒，以致將母權吞噬。雅典娜從頭至腳全副胄甲，只露出面容，代表著對女性慾望的壓抑，並為雅典的守護女神，出現在雅典運動頒發給勝利者的雙耳尖底瓶。而畫家波提且利在「雅典娜和山陀兒」裡，則將雅典娜身上的胄甲取代以爬藤，象徵著攀附在城堡外圍的大自然護衛，並保全著雅典娜的貞節。雅典娜以柔和的手腕以及智慧制服了半人半馬的山陀兒，她有如花木蘭代父從軍一般，是父權中心思想對女性所投射的一種想像。

此外，宙斯對維納斯美麗動人的孫女賽墨勒（Semeli）大動凡心，從天而降與賽墨勒相戀，結果讓她懷了身孕，就是酒神戴奧尼索斯（Dionysus）。宙斯瘋狂的愛著賽墨勒，並答應滿足她的任何要求。但宙斯善於嫉妒的妻子赫拉則在賽墨勒心中灌注了一個瘋狂念頭，要求一睹天帝和雷霆神的風采。宙斯知道凡人一但看了他的原貌就會被炙人的強光燒融，但他也必須遵守立下的誓言。於是在傷痛之下，他照

她的要求出現，賽墨勒於是被炙熱的強光燒成灰燼。宙斯則由她體內取出胎兒移至自己的大腿，戴奧尼索斯於是從父親的腿中出生。

在卡洛瓦喬（Caravage）的畫作「年輕的酒神」裡，戴奧尼索斯手舉著葡萄酒，一副酒後的憨然與泛紅的雙頰，他是發明葡萄栽培方法以及釀製葡萄酒的神。由於赫拉不肯輕易放過丈夫的私生兒，她讓他呈現瘋狂的個性，並注定漂泊在世界各地，這即是隱喻著人類在酒後釋放所出的歇斯底里的游離狀態。關於戴奧尼索斯的敘述，這一次是讓另一位女人——赫拉成為幕後劊子手，因她善嫉而奪走賽墨勒的生命，也讓私生兒的命運無法平順。於是，母親又一次地被父親所弒殺，而由父親擔負生育的責任，並在成長後賦予重任，母親的系譜在此再次受到截肢的命運。

然而，母親與女兒的關係在神話中仍舊能夠找到蛛絲馬跡的印證。就此，我們可從農產女神迪密特（Demeter）身上看到與母親聯繫的力量。迪密特是宙斯的妹妹，其名字亦是大地之母的意思。她與宙斯生下了波瑟楓妮（Persephone），宙斯暗下許配給冥府王黑地斯（Hades），黑地斯等不及波瑟楓妮長大，趁她在田野採花時將她劫走。迪密特聽到女兒在地底的哭泣卻尋不著女兒，於是失魂落魄地荒廢農事，以致百物不生，大地一片枯寂。宙斯見狀，不得不出面調停，指定黑地斯在春夏兩季讓波瑟楓妮回到陽間與母親相聚。波瑟楓妮雖然被冥神所占有，但仍能夠與母親維繫關連，這代表著為父權所俘虜的女性，靠著與母親聯繫的力量，終能夠戰勝束縛，遊走於陰陽兩界。

重新聽見地之母的心跳聲

伊麗格瑞曾引用婦科陰道檢查使用的凹透鏡儀器之「內視鏡」原理取代拉岡理論中的「鏡像階段」（The Mirror Stage，孩童六個月大時候在鏡中學習建立自主性的階段），內視鏡在女性身體裡，環繞出男性在外面無法用平面鏡觀視的部分。就如同，佛洛伊德在小女孩的身上只看到了匱乏，是無陽具的小男人，無視於男女的不同，盡是將女性視作不足，因此女性在不反映男性的地方就不存在。然而，伊麗格瑞的「內視鏡」卻能夠觀視到身體內部（而不是表象）結構，並了解到自身存在的主體。內視鏡的折射，使女性原本被認為是匱乏與不足的部分反轉了過來，成為正面積極的女性形象，這樣的手法可杜絕男性在注視女性時，總是慣於看到自己的映象，而不是女性本體。

從遠古出發的希臘神話，其男性的閱讀角度揭示了權力的消長在於千篇一律的父子相戮，有權者是因為消滅異己，而這個異己往往是自己的生命延續體，悲劇叢生的神話似乎是眾神對人的一種戲謔版本。若我們試著從當代女性研究的角度來閱讀，在男性之間有不絕的殺戮背景，有著各形各色的女性角色以維護並衍生生命。她們雖沒有喧嘩的英雄事蹟，但回頭細嚼她們在背後所象徵的意涵，會讓我們重新聽見地之母清晰的心跳聲，除非宇宙全毀，此般脈搏律動是不會停止的。　■

本文作者為國立新竹師範學院美勞教育所教授、畫家

希臘之愛——男同性戀的哲學基礎

我們每個人都在尋找另一半，為的是要重建那喪失的整體。 文—翁嘉聲

在柏拉圖探索「愛」（Eros）的哲學作品〈會飲篇〉（Symposium）之中，喜劇作家亞里斯多芬（Aristophanes）解釋不同的性取向在人類中的形成。人類原來有三種不同的性取向，決定三種不同的性別：雌雄同體、雌雌同體及雄雄同體。無論那一個性別皆極強而有力，膽敢挑戰奧林帕斯諸神，於是被宙斯神一分為二，以為懲罰。而所謂愛乃源自於這原本為整體，但在分割後，亟欲尋回那失去之完整性的整個過程：

當我們最先的形體被切割為二，每一半都因盼望另一半，願意再和他／她一起；而那時他／她們必將以雙臂抱向彼此，而在彼此相擁之中，企望重新結合在一起，一直到他／她們開始因為拒絕彼此分離，去進行任何事，造成飢餓以及無所事事，而開始毀滅殆盡。

同性戀認為異性戀只是為了生育

這種災難必將導致神明無法獲得祭祀，所以宙斯設法補救，命令阿波羅把他們的性器官移植到正確位置，「經由男性在女性身上繁殖，來為彼此繁衍」。這種性交合的機會不僅可以舒緩極大的寂寞，人類也可因此而得延續。

我們每個人都在尋找另一半，為的是要重建那喪失的整體。正是這種「企求以及追尋那完整的一體，被稱為愛」。唯有男與女異性戀的相互吸引及結合，才能夠真正地回復到早期雌雄同體的原型、才能夠促成人類的生育及延續。儘管有這些無可取代的優點，亞里斯多芬卻負面評價這種異性戀的愛。首先，因為它被視為宙斯神懲罰之後的結果；這種對性及生育的負面觀點，在潘朵拉神話已被強調。除此之外，他認為對那些同性戀者而言，異性戀乃是一種強迫性的、約定俗成的，為了生育的目的而勉強為之。更重要的是，天生為異性戀之男女以及他們具有的異性戀傾向的後代，易流於淫亂。

從哲學觀點視之，這種異性戀之愛並非以自身為目的，而是為生育而存在。相形之下，同性戀之愛並不會產生自身之外的任何狀況及事物，完全在這行為本身之中得到充分的滿足。但是儘管同性戀有此優點，但亞里斯多芬卻對其中女同性戀的可能性，大大不以為然：

所有由雌雌同體之原型所分割出來者，對男人沒有多大的興趣：她們比較傾向於女性，而屬於這種屬的是hetairestriai。

Hetairestriai 這詞語令人想起雅典的藝妓（Hetaira），而這字眼似乎暗示某種主動追求愛情的態度；一種四處覓食，以

「物件為導向」的慾望，與雌雄同體之男性的求愛模式無異。這種女同性戀主動求愛的情形，似乎在古典時期被認為對男人之身體自主性具有極大威脅，所以被「妖魔化」。在此之後，作家不再觸及這種獨屬女性性經驗的可能組織方式。

將獨屬女性性經驗表達最淋漓盡致的，莫過於公元前七、六世紀之交，蕾絲玻島（Lesbos）的莎弗（Sappho）；因為她的家鄉我們今日才有「蕾絲邊」（Lesbian）一詞。儘管她的詩中常有對其他女性做出愛的告白，以及有人懷疑她為「愛女人的女人」，但在古典以及希臘化時期，幾乎沒有被看待為一位所謂的女同性戀者。相反地，她被希臘的文獻中視為愛男人的狂熱者，而且在喜劇的殘篇中亦以此來嘲弄她。有些學者認為她的詩作中，暗示她是愛神（Aphrodite）之祭祀團體的女祭司，有一群年輕未婚處女的追隨者。也有人認為她或許想建立類如斯巴達青少女的過渡儀式（Rite De Passage），允許年紀較長之女性來追求並教導年輕之處女，以預備未來的人生階段，如同男性的Pederasty一般。

Pederasty即是被十九世紀 A. Symonds美化為「希臘之愛」（Greek Love）的男同性戀求愛行為——中年男

希臘著名的老少同性戀因為有高度的階級取向，所以亦常以宴饗為其出現的脈絡。在如是的場合中良家婦女不可出現，所出現者常是奴僕或所謂的女朋友或是藝妓，從嚴肅的談話到放浪形骸的狂歡，皆有可能。

（網路與書資料室）

性公民追求另位年齡約十二到十八歲之公民少男。它基本上的理想，是一份求愛者（erastes）對受愛者（eromenos）之道德以及身體福利所表達出的關切；少男則以特殊方式的性愛（一種在大腿之間磨擦的「假」性愛方式〔Inter Crux〕）來回應。這種性恩惠的施予（charizesthai），是受愛者對追求者的一種回報；它來自於感激、尊敬以及親愛的混合情緒，而沒有流露出任何屈服。只有女人及非公民男人才會於性愛中情緒反應過度，尤其是身處性交合被動者之角色時；因為如此的失控，正顯示出他（她）們缺乏理性（Logos），因而無法參與城邦中的政治及其他論述。

Pederasty是現代同性戀的先驅

Pederasty是種結合愛與性的完美同性戀，這種平等互惠現象恰為希臘之愛的特徵。現代同性戀者可以說在希臘文明中找到了肯定自己性別認同的先例。更何況，Pederasty是體制或時尚之一，這更強化了同性戀是希臘人生活之內在一部分，其並非歷史上之偶發，而是恆常人際關係之一部分。

愛在亞里斯多芬的神話中，經過男同性戀取向的觀照下，不僅與生育相分離，而生育本身也被降低至一種服務社會的生理機能，一方面被貶抑污穢，一方面又是一種必要邪惡。所以這種將愛與生育分離的象徵意義，被轉化為對生育的負面以及化約（Reductionism）的態度，而這又意謂著女性的母性（Maternity）僅是執行這種有性繁殖的工具，也被視為神對人類懲罰所加諸之命運。這再加上對女同性戀之可能性的完全緘默，更加確定〈會飲篇〉中亞里斯多芬的故事具有厭惡女性的傾向。

在目前之人類處境中，當然無法回復那已經喪失的完整，所以作家建議最佳方法是去「尋覓一位喜好之人，他的天性正好符合我們的心靈」。這些都顯示出在希臘之愛中的老少配Pederasty、愛以及哲學間，有著極為密切的關連，並且顯示出一連串柏拉圖哲學的對比：心靈／肉體，真實本身／現象，存有／變化，智性論述之產生／肉體之生產等等，而這又以男／女的區隔來加碼（Encode）。同性戀被視為哲學知識之追求最佳的管道，無怪乎蘇格拉底的對話錄常發生在成年的哲學家及少男之中。

〈會飲篇〉為男同性戀提供一個理論性的基礎；但在此策略的反面，則是對女性可能經驗到的愛，無論是女同性戀或是女異性戀的愛，皆持普遍負面的態度，也對異性戀之愛所具有的母性生育能力，加以貶抑。所以亞里斯多芬所陳述的神話是一道弒母（Matricide）的神話，而這又可以架構在希臘哲學中自巴門尼德斯（Parmenides of Elea）以來即存在的二元對立論。在如是的理解之下，希臘哲學是種高度性別化（Gendered）的哲學，而所謂的男同性戀的希臘之愛也得到哲學上的肯定及支持。■

本文作者為歷史學者

理想、責任、榮譽、權力、道德等等，不斷向上，以為只要努力上了山，一切就會結束。但上山後，石頭依然滾落，生命只是一場徒勞的輪迴。我們只是在輪迴中，不斷追尋，不斷失落的人。

使人驚心的還有穿越女妖歌聲的描寫。原本，我們總不免要猜測，那美麗迷幻到讓人無法承受的歌聲，甚至必須用蠟把身耳朵蓋起來的歌聲，是什麼樣的聲音呢？

荷馬沒有讓你失望。他不是讓所有人都封住耳朵，而是留下了奧德修斯，讓他聽見，好告訴世人。奧德修斯讓所有水手封上耳朵，卻教他們把自己綁起來，牢牢的綁在船桅上，無論如何，都不能放開。於是他聽見了那世界最無法承受的歌聲。那是他母親在呼喚他歸來的聲音，那是他的孩子發出第一聲啼哭的叫喚，那是妻子訴說在家鄉的想念與如何被欺負的聲音，那歌聲也預告了將來會發生的事，只要你過來聽……。

荷馬說出了世上最動人的歌聲，不是因為聲音，也不是因為旋律，而是因為人心。那是人性中最恐懼、最脆弱、最渴望的部分。

許多故事，一如我們如今可以看見的，由荷馬的詩句，由神話傳說，變成了另一個象徵，開始有自己的生命，之後，又加上後代的體會與註釋（一如今天的我們，還在用自己的生命經驗，去體會註釋荷馬史詩的味道），於是生出另一段長篇故事來。

最有名的，當然是愛爾蘭作家喬伊斯的《尤里西斯》。喬伊斯將整個奧德修斯的流浪旅程，視為現代性的流浪。但十年的流浪時間濃縮了，變成兩天，流浪的旅程，變成是心靈上的無根，永遠的漂泊。那是現代的尤里西斯。那故事太長，研究者太多，甚至可以另建一座圖書館。

荷馬史詩繼續在閱讀者的心中，建構各自的生命。1978年，女歌手蘇珊‧維嘉（Suzanne Vega）寫了一首歌，歌唱奧德修斯所曾遇見的女神——克麗普索（Calypso）。

克麗普索是奧德修斯流浪返鄉的旅程中，第二個向他表示傾心的女神（第一個是把人變成豬的Circe，她是太陽神的女兒，奧德修斯在那島上住了一年）。當奧德修斯的水手無法抵擋飢餓，殺了太陽島上太陽神所飼養的神牛之後，就開始發生怪事了。牛肉在烤盤上會發出哭泣的聲音，牛皮會在地上爬行。他們恐懼得火速上船離開，但已經太遲了。阿波羅大怒，向宙斯求得了雷霆，射穿海上的船，船當場裂成兩半。那被刺瞎了眼睛的獨眼巨人的父親——海神波賽東，立即在海上攪起萬頃巨浪，把

船上的所有人一起淹沒。只剩下奧德修斯，他抱著船的龍骨，隨浪飄浮，差一點被女妖的漩渦吸入而死，最後靠了他的智慧和毅力，在海上漂浮了九天，第十天夜裡，神把他送到了克麗普索的島上。

克麗普索把全身破爛，被海浪打得虛脫的奧德修斯撿回家裡。餵他飲食，照顧他虛弱的身體，聽他講特洛伊戰爭和海上流浪的故事。女神愛上了他，這個戰爭的傳奇人物，流浪而滄桑的男人。她不想再讓他受苦，於是把他藏起來，不讓天地間的神祇知道。她想盡全力保護他。她愛他，甚至願意為他去祈求宙斯，好讓奧德修斯也變成神，和她一起永生。他們的愛情，就可以永生不滅。

等待下一個迷航的男人，下一次的愛情

然而奧德修斯依舊想家，即使他知道，這個島嶼，是天地間可以逃避隱遁的小角落，是安全無憂、生活無虞的地方。他當然也知道，克麗普索是神，比任何一個凡人都美麗，而且青春永生，不會衰老，而他的妻子潘妮洛普只是一個凡人，十幾年的戰爭與流浪之後，她已不知變成什麼模樣，但他還是盼望歸鄉的快樂。他常常坐在海岸邊，無端地想家，流淚。

奧德修斯在克麗普索的島上住了七年。愛

戀了七年。直到奧德修斯的孩子已經長大，向上天祈求叩問父親的所在，女神雅典娜也想起來，在天地間尋找，才發現奧德修斯被隱藏在愛情的島嶼上。他們派了宙斯的使者，去告知克麗普索，非讓奧德修斯走不可，否則宙斯的雷霆會懲罰。克麗普索只好帶著這個男人，在島上的森林裡尋找最堅實的樹木，砍下來當造船的材料，再用上好的布料，為他建造風帆，為他準備滿滿的水、酒和食物，好讓他航過危險而遙遠的海洋。在他要離開的那天早晨。她還為他吹起一陣和風，好讓他平安航行。然而她知道，七年的愛情之後，他將離開，永遠不會歸來……。

多年以後，有一個朋友聽了蘇珊‧維嘉那首名為Calypso的歌之後，說：「那是情婦的歌。」

她說，那男人，受傷了，流浪得疲倦了，在情婦的溫暖裡，尋找到一個安全的港灣。他留下來。這裡是遙遠的島嶼，遙遠的愛情，世界最隱密的角落。這裡可以躲避現實的風浪，這裡有溫暖的臂彎，溫柔的乳房，以及愛和遺忘。但他終究會離開，不只是因為他要返鄉，更因為他不能沒有自己的戰場。所以他要返航，到一個可以戰鬥地方。

克麗普索，站在自己的港灣，將度過神一般長久的、永恆的寂寞時光。或者等待下一個迷航的男人，下一次的愛情。

這是我聽見的關於奧德賽故事的一個段落，另一種詮釋。　　　　　　　■

Greek Tests——9道小測驗診斷你的奧林帕斯人格

你夠希臘嗎？

不要以為坐擁電腦磁碟和屏風隔間的文明辦公室，
就遠離了蛇髮女妖的魔掌。
職場上的妖魔鬼怪無所不在。
想要知道你的希臘神話守護神是哪一位嗎？
這個測驗幫你發掘你的潛藏人格、工作模式與生活態度，
探索你的希臘基因。

文—李小康

1 說起最近有名的戰爭電影《特洛伊》，讓你最心動的角色是？

a. 傲慢不馴的第一武士阿基利斯（Achilles）（布萊德彼特飾）

b. 俊美多情的特洛伊城王子帕里斯（Paris）（奧蘭多布魯飾）

c. 傾國傾城的斯巴達皇后海倫（Helen）（黛安克魯格飾）

d. 詭計多端生性猜疑的阿格曼儂（Agamemnon）（布萊恩考克斯飾）

2 忙了一個上午，總算到了吃午餐的時候，點了一盤生菜莎拉，你會選擇的佐醬是？

a. 橄欖油

b. 藍酪起司

c. 千島醬

d. 胡椒粉

3 今天辦公室氣氛很低迷，你因為之前稿件拖延而造成的疏忽，被老闆當場逮到發飆，走到廁所的你其實很想哭，一抬頭，鏡子上寫了一排小字，你認為它寫的是？

a. Know Yourself！好好看清你自己吧！

b. 燃燒吧，小宇宙！

c. 別哭，寶貝，別忘了誰是世界上最美麗的女人（男人）？

d. 沉默是金！沉默是金！

4 你會用什麼寶貝來裝飾你的桌面？

a. 地中海風情的明信片——藍天白雲與向日葵色澤的黃色小屋

b. 夜晚的火光

c. 大束的花朵，爬藤類的綠色植栽

d. 海風息息的岩石，海浪拍打的峭壁

5 你正在寫一個電腦程式，腦袋已經空轉幾天，還是百思不得其解，挫折的你，覺得自己好像被關在一個暗無天日的小洞穴，這個時候你會？

a. 撐一下吧！再差一步真理的陽光就要籠罩大地了。

b. 去買一堆零食犒賞自己，美食才會令人有靈感！

c. 不行，已經蓬頭垢面這麼久了，好歹也要去做個Spa，敷個臉。

d. 生人勿近，這個時候誰敢來惹我給我小心點！

6 週六晚上，老闆竟然上線了，不但上線，還給了你一個「不可能的任務」，限你週一完成，你的反應是？

a. 來吧來吧！給我一個支點，我就可以撐起一整個地球。各種新鮮的挑戰都張開雙臂歡迎！

b. 「不巧，小狗急性腸胃炎，要送醫院急診」，同時收拾包包準備和情人出城遊玩。

c. 儘管心裡一千個飛鏢齊發，還是禮貌性的微笑，「誰比我更適合呢！」

d. 直接向老闆打小報告，「都是誰誰誰自己工作做不完，現在正在幫她補漏洞呢……」

7 到了尾牙表演的時候，你被分派到的角色是？

a. 包辦安排所有節目，整個晚上不可或缺的幕後活動推手。

b. 戴上面具，猛男脫衣秀就撩落去吧！

c. 壓軸光芒四射的才藝表演，為此預約化妝師先化個舞台妝吧！

d. 天啊，這可真是群魔亂舞，我還是假裝事先走好了。

8 你希望十年後的你？

a. 事業有成的CEO，一天工作十六小時，進入覬覦已久，一座擁有落地窗景，俯瞰城市天際的摩天辦公室。

b. 一年六個月可以待在一座熱帶小島，駕駛私人的豪華遊艇出遊。

c. 巴黎、柏林、里約熱內盧，世界各大城市都有情人，週末隨時可以來回約會。

d. 帳戶裡有非常多的存款，名下擁有諸多房地產。

9 和客戶的約會臨時取消了，你會？

a. 乖乖回家，打開電腦，依然按照進度在家把工作完成！

b. 歡迎人生的各種意外，想起經過一家電影院有部電影還不錯，直接買票進場吧！

c. 沿路逛逛街，買買衣服，想想下週的度假計畫。

d. 多出來的時間，還真不知道該怎麼辦，還是回辦公室整理通訊錄吧！

請將以上ABCD各項選項相加，選項最多的就是你的奧林帕斯人格，如果有兩項同分，請分別參考以下的兩項說明。

Atype 太陽神阿波羅

你就像希臘神話掌管智慧的太陽神阿波羅，正直，熱情，充滿活力，很容易散發能量，感染周圍小螞蟻們的情緒。遇到任何挑戰都能保持希臘人高度的樂觀精神，一步一腳印把它完成。你追求平衡，適量，有效率的生活。各種新奇的事務都能引發你躍躍欲試的好奇心。你歌誦勤奮工作的白日哲學，認為天下沒有白吃的午餐，遇到職場的怪獸攻擊，除了正面迎戰，也會虛心地反省，檢討自己，是一位神祇型的人物。

Btype 酒神戴奧尼索斯

辦公室最有人緣的傢伙就是你了，只要有喝酒，八卦，Party的場合，都少不了你的蹤跡。天生有幽默感的你，是大家的開心果，對於周圍人的情緒也非常的敏感。最不守規矩的也是你，因為主觀意識強烈，常常表達情緒過於直接，是一位讓人愛恨交織的野獸型人物。另外，雖然也認同努力的必要，卻因為閒散、逸樂的個性，常常無法在某項任務上堅持到底。你並沒有規律的工作節奏，而仰賴突發的創意，不按牌理出牌的挑戰往往激發你的鬥志。你是享樂主義的信奉者，非常會享受生活，一次隨性的出走，遠方的旅行，都帶給你無窮的啓發與活力。

Ctype 美麗之神阿芙羅狄特

很重視外表，談吐，穿著的你，有一定的生活品味，而每天的職場，就是你的展示舞台，事實上，你的守護神正是掌管美麗的女神維納斯。你嚮往豐富，多變的人生，不喜歡枯燥的、一成不變的工作。與人有關的工作很適合你，在一個組織中，多半扮演著公關，協調性的工作。對於工作的態度，則比較傾向現實考量，以能滿足你的消費水準為原則。因為你不強求的個性，反而在遭遇壓力時，能因圓融處理而比其他他人更容易獲得讚賞。有時則會給人難以親近的感覺。

Dtype 神祕之神史芬克斯

像一尊雕像枯坐在辦公室一角的你，不輕易流露喜怒哀樂，給人的感覺經常是神祕、嚴厲，冷冰冰的。你是不講話的行政人員，你是愛打小報告的祕書，你是公正嚴厲的財務人員。你有極佳的分析能力，邏輯能力，洞悉情勢的能力。你很公正，說話往往一針見血，有時卻因為不顧情面，而傷害到旁人的感受。此外，你傾向獨立完成一項作業，而非與人合作。你的人生經歷較為單純，有的時候會用忙碌的工作來填補內心的空虛。但是獨立平穩的性格，讓你成為職場不可或缺的守門員。　■

本文作者爲文字工作者

互聯網上的語文學習中心
www.CP1897.com

cp1897
電子教育

Part 4 Arts 藝術

詩人不寫喜劇，喜劇詩人不寫悲劇。

古希臘悲劇的題材來自神話故事和英雄傳說，以及《荷馬史詩》。神話和英雄傳說是古希臘人最早的意識型態，包括宗教、道德、政治、經濟、科學、哲學、藝術等等，既有現實成分，又有幻想成分。古希臘悲劇是「詩劇」，對話形式取材於荷馬史詩，因為史詩中有許多戲劇性的對話。悲劇中的「合唱歌」來自上述的「抒情詩」。所以古希臘戲劇詩是史詩和抒情詩結合的產物。

戲劇與民主政治密不可分

古希臘悲劇的發展與古希臘民主運動的興盛有著密切的關係。古希臘民主運動開始於雅典的梭倫時代。梭倫在公元前六世紀初廢除土地抵押，禁止土地集中，並且剝奪土地貴族世襲的政治特權。到了伯里克利時期，希臘的民主運動達到前所未有的高度。希臘人戰勝波斯人以後，雅典的政治、經濟實力的擴張引起了文化、藝術的高潮。伯里克利的目的是要使雅典成為世界文化的中心，以加強他的政治威望。他對文學、藝術、哲學等十分重視，許多詩人、藝術家、思想家成為他最好的朋友，如索福克勒斯等。希臘民主精神重視「人」的才智和力量，強調個人的作用，提倡個人的意志自由；提倡集體生活，人民大眾的思想感情要用集體方式來表達；在法律上主張人人都有發言權，法律面前人人平等；甚至對神都可以表示懷疑……伯里克利把戲劇當成宣傳他的政治主張和哲學的講壇，鼓勵人民群眾到劇場去看戲。悲劇作家也把悲劇的創作作為宣傳自己的政治主張和哲學觀點的工作。伯里克利時代是古希臘悲劇的鼎盛時期，留傳至今的幾十部作品都是那個時代的產物，這與當時的希臘民主政治是分不開的。

露天劇場與演出形式

古希臘劇場是露天的。觀眾席位於斜坡上，形如展開的摺扇。觀眾席前面是一個圓場（舊稱「歌舞場」），歌隊和演員都在這個圓場上表演。圓場後邊是「換裝處」建築，與觀眾席最高排的座位等高，這樣才能把聲音攏住。「換裝處」前面有柱廊，並有一至三道門，作為演出的背景。換裝處兩旁是劇場的出入口。凡來自海外或鄉下的人物從觀眾的左方上下場，凡來自城裡和市場的人物從觀眾的右方上下場，中間的通道為皇宮貴族上下場。天神可以從「換裝處」的屋頂或陽台上出現，鬼魂則由圓場中的地道進出。

古希臘悲劇演出的布景很簡單。劇景一般設在戶外，通常是廟宇或宮殿的前院。演員戴面具，穿高底靴，在表演時動作要緩慢而富於節奏，聲音要洪亮，動作幅度要大，要誇張。演唱時有簡單的樂器伴奏，旋律比較單純，所以散戲之後觀眾常常可以唱著戲中的歌曲回家。

古希臘戲劇的演出中，要求演員表現真實情感，藉以打動觀眾。要求演員在朗誦台詞時要

卡洛瓦喬（Caravaggio）的「年輕的酒神」（1597），
佛羅倫斯烏菲茲美術館。

有很高的技巧，古希臘有許多演說家都跟演員學習過朗誦台詞。

古希臘人把劇場看作為酒神的聖地，因此在戲劇演出中不能表現殺人流血的場面，不能表現過於激烈的動作。這些場面通常是由一位演報信人的演員通過語言來表達的。這也是古希臘人審美觀念決定的。所以在古希臘悲劇中，報信人傳達的內容恰恰是最有戲的地方。另外，悲劇不表現愛情，至少不渲染愛情，所以古希臘悲劇中很少描寫愛情的戲。

古希臘的喜劇和悲劇一樣著名於世。喜劇和悲劇一樣，起源於民間歌舞。喜劇一詞在希臘文中叫科摩狄亞（komoidia），意思是「狂歡歌舞劇」。

古希臘喜劇的創作比悲劇要自由得多，取材於現實生活，情節也是虛構的。人物也比悲劇要多，但同時說話的演員仍然不超過三個人。語言多用口語，即日常用語。歌隊在喜劇中不如悲劇重要，人數也不斷減少，但服裝、道具等比較複雜和多樣化。劇情的時間和地點也變化較多。

古希臘喜劇的發展也同民主政治和言論自由有密切關係。特別到伯里克利時代，喜劇享有充分的批評自由。甚至有的喜劇直接諷刺和批評他。他死後，喜劇的批評受到限制。所以喜劇可以針砭時政，可以諷刺各種社會現象。另外由於古希臘人崇拜生殖、崇拜陽具，在喜劇中有許多直接表現男女性的場面和內容。

嚴謹公正的戲劇比賽

在古希臘的雅典城邦，每年有三個戲劇節。「勒納亞節」於一、二月間舉行，這是雅典人自己的狂歡節，在這個節日裡，喜劇比較重要。「酒神大節」於三、四月之間舉行，此時春光明媚，航運安全，有各城邦友人和外國人來看戲，在這個節日裡，悲劇比較重要。「鄉村酒神節」於十二月、一月之間在農村舉行，在這個節日裡，重演舊的劇本。

在戲劇節期間，由政府執政官批准三個悲劇詩人，三個或五個喜劇詩人參加比賽。執政官用拈鬮法分配給每個詩人一個演員（即「主角」，其餘兩個演員由「主角」挑選）、一個歌隊和一個吹雙管的樂師，並指定一個富有的公民擔任歌隊的司理，這個人負擔歌隊、「額外演員」

的服裝以及他們的工資。至於演員的服裝和工資由政府負擔。

戲劇比賽是在非常嚴肅、公正的情況下進行的。公元前五世紀，雅典十個區各自推選若干人為候選評判員，由執政官自每個區的候選評判員中抽出一人，組成十人的評判委員會。這十名委員在比賽開始前，要宣誓保證公平評判。演出結束後投票評定。執政官從十票中抽出五票來決定勝負。在整個評選中，非常嚴格，如果發現嚴重舞弊者，要處於死刑。評判不當時，觀眾可以向評判員提出質問。

比賽分頭獎、次獎和第三獎，因為只有三名悲劇詩人參賽，故得第三獎為失敗。得獎的詩人、歌隊司理和「主角」進場來受獎，並戴上常春藤花冠。

在正式開演以前，要在劇場邊上的另一場所舉行介紹儀式。演員此時不戴面具，與作者、歌隊和樂師等演出人員一起，和觀眾見面。觀眾向演出人員獻上花冠，然後到劇場正式演出。

戲劇節是民眾的節日。在這個節日裡，一切事務停辦，法庭閉庭。大多數公民都能去看戲，連婦女、兒童、奴隸都能去看戲，甚至囚犯也可以出獄看戲。演出從日出一直演到日落，人們往往全家一起出動，穿上華麗的衣服，帶上食物和飲料，戲好看時看戲，戲不好看時吃吃喝喝，還叫倒采，用無花果或油橄欖打擊演員，用腳跟踢石凳……初時看戲不用花錢買票，後因爭搶座位，秩序不好維持，加之劇場也需要修繕費用，才開始售票。從公元前五世紀末起，政府對每個窮困公民發放戲劇津貼，鼓勵公民看戲，因為伯里克利把劇場看做教育公民的好地方。古代希臘人所具有的高度文化素養，很大成分來自戲劇演出。

公元前三世紀初，希臘戲劇中心逐漸移到了埃及的亞歷山大城。雅典的酒神大節舉行到公元前120年為止，至此，古希臘悲劇的歷史告結束。直到歐洲「文藝復興」時期，古希臘戲劇為當時的戲劇家大開了眼界，莎士比亞以及歐洲無數的作家，都從古希臘悲劇中吸收了營養。

古希臘戲劇在當代的演出

從上個世紀初，希臘的戲劇工作者開始上演古希臘戲劇，他們從陶片和各種資料入手，摹仿古代的演出，可稱為「博物館式」的演出開始，經過幾十年的實踐，現在已非常成熟。由於希臘的地理特色，現在很多城市每年夏天都要舉行「戲劇節」，除了本國的演出，還邀請世界各國的劇團到希臘上演古希臘戲劇。其中，較有影響的有「歐洲文化中心」在德爾菲舉行的國際古希臘戲劇節、在埃皮道夫洛斯舉行的戲劇節，還有在雅典舉行的雅典藝術節等。

此外，在歐洲、美洲、拉丁美洲、亞洲和非洲都有古希臘戲劇的演出。古希臘悲劇和喜劇是人類共同的財富，是文學藝術永恆的一顆明珠，直到兩千五百年後的今日依然熠熠生輝。 ■

本文作者為中央戲劇學院教授、導演藝術家

1 0 5

台北市南京東路四段25號10樓之1

網路與書股份有限公司台灣分公司　收

Net and Books讀者回函卡

謝謝您購買Net and Books雜誌書！
如果您願意，請您詳細填寫本卡各欄，寄回網路與書
即可不定期收到網路與書的最新出版資訊。

姓名：_____ 身分證字號：_____ 性別：□男　　□女

出生日期：_____年_____月_____日　　聯絡電話：_____

住址：_____

E-mail：_____

學歷：1.□高中及高中以下　2.□專科與大學　3.□研究所以上

職業：1.□學生　2.□資訊業　3.□工　4.□商　5.□服務業　6.□軍警公教
　　　7.□自由業及專業　8.□其他

購買書名：_____

從何處得知本書：1.□書店　2.□網路　3.□報紙廣告　4.□雜誌
　　　　　　　　5.□新聞報導　6.□他人推薦　7.□廣播節目　8.□其他

您以何種方式購書：1.逛書店購書 □連鎖書店 □一般書店　2.□網路購書
　　　　　　　　　3.□郵局劃撥　　4.□其他

您覺得本書的價格：1.□偏低　2.□合理　3.□偏高

您對本書的評價：(請填代號　1.非常滿意　2.滿意　3.普通　4.不滿意　5.非常不滿意)

書名_____　內容_____　封面設計_____　版面編排_____　紙張質感_____

讀完本書後您覺得：_____

1.□非常喜歡　2.□喜歡　3.□普通　4.□不喜歡　5.□非常不喜歡

您希望我們製作哪些專輯：_____

對我們的建議：_____

_____

_____

古希臘著名劇作家

古希臘的著名劇作家很多，最著名和流傳至今的有三大悲劇詩人：埃斯庫羅斯、索福克勒斯、歐里庇得斯。以及喜劇詩人：亞里斯多芬。

埃斯庫羅斯

（Aeschylus，525B.C.～456B.C.）

生於雅典的阿提卡西部的厄琉西斯。由於他在酒神頌歌中用了第二個演員來表演故事，由此使悲劇得到空前發展，因此人們稱他為「悲劇之父」。

埃斯庫羅斯雖是貴族出身，卻擁護民主制度，提倡民主精神。他開始創作的時期，正是古希臘悲劇的早期階段。他使悲劇具有雄偉的人物和完備的形式。筆下的人物都是些意志堅強、氣魄雄偉的人物。埃斯庫羅斯很熟悉演出技巧，他的戲都是自導自演。輕飄鮮明的服裝、高底靴等都是他首先採用的。埃斯庫羅斯的風格很莊嚴、崇高、雄渾有力，與他的悲劇所表現的嚴肅鬥爭相適應，但有時晦澀難解。他最傑出的悲劇是《阿格曼儂》，最著名的悲劇是《普羅米修斯》。

索福克勒斯

（Sophocles，496B.C.～406B.C.）

生於雅典西北郊科羅諾斯鄉。受過良好教育，特別在音樂和體育方面受過嚴格的訓練。他少年時正逢希臘和波斯的戰爭。薩拉米戰役勝利時，他正好十六歲，慶祝勝利的大會上，他曾領導歌隊唱凱旋歌。中年適逢雅典最繁榮的時期。他與希臘著名政治家伯里克利是密友。公元前440年，他被選為「雅典十大將軍」之一。據說是因為他的悲劇《安蒂岡妮》上演成功而獲此殊榮的。

索福克勒斯使悲劇達到了完美的境界。他善於描寫人物，能用三言兩語把人物寫得栩栩如生。他喜歡用對照手法，擅長布局，講究情節的整一，重視戲劇內部的有機聯繫。他的悲劇結構複雜，嚴密又和諧，情節越來越緊張，劇中沒有閉筆，沒有斷線的地方。

索福克勒斯對於戲劇藝術的發展還有許多別的貢獻。他把演員的人數由兩人增加到三人，因此對話和劇情可以複雜化，人物的性格可以從多方面反映出來。他的劇本風格質樸、簡潔、自然、有力量。

他的《伊底帕斯王》是古希臘悲劇的代表作，被後人稱之為「最完美的悲劇」。他的《安蒂岡妮》也是古希臘悲劇中的著名作品。

歐里庇得斯

（Euripides，485B.C.～484B.C.生，407B.C.～406B.C.卒）

他出身貴族，少年時學過摔角、拳擊和繪畫。很少參加公共生活，很少擔任公共職務，只做過阿波羅廟的祭司。他很早就醉心於哲學。被人稱為劇場裡的哲學家，因為他常常在劇中傳播新的哲學。

他晚年因反對侵略戰爭和當局的高壓政策，並對神表示懷疑，而不被雅典所容。公元前408年，七十歲時去了馬其頓，後來也客死在此處。

在他的劇本裡，充分展現了詩人對不義的侵略戰爭、男女間的不平等關係和婦女的命運、民主制度、貧富問題、宗教信仰和奴隸問題所抱的態度。歐里庇得斯總是站在人民的立場和被壓迫者的立場上，通過他的劇本暴露和批判了種種不合理的社會現象，因此，對時代發展來說，他的劇本有很大的進步意義。

希臘悲劇到了歐里庇得斯時期，就形式而論，已經相當完美，他的貢獻在於「寫實手法」和「心理描寫」。因此，可以說他的創作標誌著舊的「英雄悲劇」的終結。索福克勒斯曾說他自己是「按照人應該有的樣子來描寫」，歐里庇得斯是「按照人本來的樣子來描寫」。這是個很有名的觀點，一語指出了古希臘悲劇的發展。他最著名的悲劇是《美狄亞》，最動人的悲劇是《特洛亞婦女》。

亞里斯多芬

（Aristophanes，446B.C.～385B.C.）

小時受過良好的教育，對希臘文學、藝術十分熟悉。交遊很廣，和蘇格拉底和柏拉圖是朋友。

亞里斯多芬的喜劇觸及當時的一切重大的政治問題與社會問題，反映雅典奴隸民主政治危機時期的思想意識。《阿卡奈人》、《和平》和《呂西斯特剌忒》都是提倡和平的主題。他擁護雅典的民主制度，希望人民能當家作主，《騎士》是亞里斯多芬最尖銳、最有力地政治諷刺劇，揭露了當時雅典的政治腐敗情況。他對神的態度，特別在《蛙》和《鳥》中，採取了嘲笑的態度。他劇中的人物是各階層的代表人物，攻擊的對象主要是政治煽動家和好戰分子等，歌頌的是阿提卡（雅典一個地區）的農民、馬拉松的英雄和悲劇詩人等。

從十七世紀起，亞里斯多芬的喜劇對歐洲文學產生了廣泛的影響。他最著名的喜劇是《阿卡奈人》、《鳥》、《和平》和《蛙》。（羅錦麟）

華裔旅法建築聲學專家徐亞英，曾參與多個國際演出劇場的設計
工作，是融合建築和藝術的高手

古劇場的設計智慧
徐亞英的建築聲學觀點

雅典戴奧尼索斯劇場還原圖。

Corbis

希臘古劇場真是人類文明史上的奇蹟。以著名的埃皮達魯斯劇場（Epidaurus）為例，它建於公元前350年，雖然當時埃及已有相當水平的測量技術，但建造這樣的劇場還是需要更複雜的科學設計思想和經驗基礎。我們可以總結一下希臘古劇場的幾個特點。

科學與藝術的結晶

其一是地形的選擇。我們知道，人的聲功率是極為有限的，即使是受過訓練的人聲，其聲功率也不過數微瓦。打個比方，點亮一隻小燈泡所需的功率，要幾十萬人一起發聲。人聲通過空氣傳遞，但在傳遞過程中會有許多消耗，尤其是高頻損失相當大。若想在這樣大的露天劇場中，不管是慷慨激昂的叫喊還是輕聲細語的傾訴，能讓全場聽眾——人多時達上萬人，聽清楚，實在是很困難的。希臘人建劇場，如果有可能的話，有些劇場會瀕臨大海，這是因為當海風登陸後，貼近地面的

風速會因地面障礙而減弱，而上空的風速卻較快，可以形成折射。當演員背對大海時，這種海風的折射效應能將演員的聲音送至更遠。但是這並不是絕對的，因為我在希臘考察時，發現有些劇場並不都靠海。但卻一定在山坡，這些坡度大約23度—30度。埃皮達魯斯劇場稍特殊一些，在23度左右。我們知道，聲音是有極強的指向性，而且以球狀波傳播，靠近球形上半部分的能量很高。當舞台在觀眾席下方時，聲能的傳遞最有效，它符合聲源的指向性原理（像現代歌劇院，三四層包廂的聲音最全，而池座最差）。斜坡的角度帶來另一個優點，前排觀眾對聲音的遮攔最少，聲音可以最有效的方式直達後排觀眾。

其二，在舞台設計上，希臘人也有極天才的考慮。它的舞台很寬，但縱深很窄，像埃皮達魯斯劇場只有2.4公尺，但在舞台前方有一塊平台，類似我們今天稱作樂池的位置，當悲劇上演時，合唱隊穿插其間，提示劇情，和台上演員合作。舞台布景通常在舞台後方，這樣的布局對舞台的聲學效果極有幫助。舞台前的平台，在希臘稱作 Orchestra，是一個極好的聲音反射區。它低於舞台，使聲音的反射角度最佳，可有效幫助演員的聲音傳送到觀眾席。這樣既有直達聲從舞台傳送，又有平台反射效果。根據現代聲學儀器測量，這種反射能使聲音增加三分貝。

再次，對於露天劇場來說，我們還應該考慮到溫度對聲音的影響。溫度和聲音是成正比的。溫度每提高攝氏一度，聲波傳播的速度就增加0.6公尺/秒。在白天，地面的溫度高於空氣溫度，所以地面的聲速要快，而空中的速度要慢些，所以形成折射，使聲音向上遠揚。溫度的變化會帶來聲音效果的不同。在白天聲音上揚，但由於劇場觀眾席的坡度，使聲音掠過觀眾，仍能獲得不錯的效果；到了傍晚，地面溫度下降很快，而空中的溫度變化較緩，形成反折射，這種溫度變化帶來了聲音折射方向的變化，使聲效更佳。

在希臘，戲劇通常在一年一度的酒神節慶典時演出，每天從早晨至傍晚連續演出三至五齣劇目。希臘得天獨厚的氣候條件也極適宜戶外活動。尤其應該考慮到，在古希臘時代沒有外在噪音源，沒有呼嘯的狂風，更沒有汽車這類交通噪音，也沒有現代劇場中必不可少的通風噪音，只是偶爾會有微風鳥鳴。但是人類對有語言內容的聲源有自然選擇的本能。微風、鳥鳴都不會影響觀聽者的注意力，倒會有「鳥鳴山更幽」的效果。

從建築聲學的角度看，古希臘劇場舞台後應該設有反音牆。由於古希臘劇場被毀壞得太厲害，我們很難看出原貌。但從現存的以古希臘劇場為藍本的露天劇場看，這道反音牆是存在的。比如法國奧倫治的露天大劇場，舞台背後就有高高的反音牆，上面有浮雕裝飾。同時在觀眾席背後也有一道小牆和棚簷，這樣可以保證反射聲在觀眾後方被收攏。儘管我們在埃皮達魯斯古劇場看不到反音牆，但旅遊者在舞台中央扔一個硬幣，在高層觀眾席上仍能聽得很清楚。從雅典衛城腳下的戴奧尼索斯劇場還原圖中，也可以看到舞台後面反音牆的存在。

希臘戲劇以朗誦和吟唱為主，而伴奏比較簡單，當時用來伴唱的樂器，主要是基薩拉琴、里爾琴和

阿弗洛斯管。琴以撥弦發聲，管以吹奏發聲，聲音比較單薄。人聲多是中頻的聲音，比較容易在這種露天劇場中傳播。相反高頻的聲音例如小提琴，很容易損耗。所以如果梅紐因（Yehudi Menuhin）在希臘古劇場中演奏，聲音並不會很豐滿。因此，希臘古劇場建築及其聲響追求很符合古希臘藝術形式的要求。我在考察古希臘劇場時還對古希臘戲劇的舞台調度很感興趣，因為在語言中，母音的發聲比較容易保持，而輔音對語言聆聽的清晰性至關重要，因為輔音的聲音指向性強。在希臘古劇場的演出中，若演員面對觀眾，環形座席兩側的觀眾會聽不清楚。所以從歷史文獻的記載中，我們可以知道合唱隊會分成兩列，從舞台兩側上場，然後交叉逡巡，或許這種調度方式也有其聲學上的考慮。

古老的啟發

從觀眾席的設計上看，古希臘劇場也暗合現代聲學建築的許多原則。升起坡度與尺寸是很講究的，平均40公分升起一級，寬度恰是一倍，80公分寬，很符合現代合唱隊席的設計。現代合唱隊席就是以40公分為一級升起，以達到聲音不被遮擋的效果。而且，以這樣1：2的比例升起，對聲音和視線都有好處。可以說希臘人的智慧真是了不起，這樣的布局很適合觀眾和演員之間的互動，所有觀眾又成了參與演出的一分子。而這正是我們考慮現代劇場設計時所努力追求的目標。有許多現代劇場在聲學設計方面遠不如古希臘人，比如池座上方挑台太突出，使池座聽眾既聽不到舞台上的直達聲，又聽不到天花板的反射聲。在改造這類劇場時，古希臘劇場的種種優點會給我們很多啟發。

在一個良好的聲響環境中，不僅觀眾需要清晰地聽聞，演出者之間也需要互相聽聞。只有演員之間能準確地判斷演出的效果，才有可能完美地實現戲劇的要求。演員在舞台上需要不停地接受反饋，他要準確地知道自己的表演和吟誦的效果。「觀眾聽清楚了嗎？」「我可以繼續下去嗎？」為此，希臘古劇場的舞台高度也被精心考慮過。比如在一個半馬蹄形的劇場中，會有一種自然的聚焦作用，這個聚焦點就是舞台。所以埃皮達魯斯劇場的舞台高出平台3.53公尺，和觀眾席40公分一級的升高位置保持恰當的比例，使每40公分一級的垂直面有攏音及將語音反饋至演員的作用。

以上我們大致從希臘的外部環境和劇場建築幾方面梳理了希臘古劇場的聲學建築特點。每談起希臘文明，總讓人有高山仰止之感。當然，希臘戲劇又是希臘文明中的瑰寶。但是在我們談起埃斯庫羅斯、索福克勒斯、歐里庇得斯、亞里斯多芬這些偉大的名字時，不要忘記那些建造希臘露天劇院的無名氏，不要忘記埃皮達魯斯劇場、戴奧尼索斯神殿劇場的名字。正是這些不朽的建築使希臘戲劇有了實現的可能。這些劇場既是希臘文明的見證，又是希臘文明本身。遙想數千年前，前哲們在希臘的夜空下高歌曼舞，以不倦的追問來揭示宇宙與命運的隱祕。今天我們更當牢記德爾菲神廟上的銘言：「我知我無知」。 ■

（趙越勝整理，2004年7月9日於巴黎）

希臘悲劇的台語演繹——
台南人劇團的《安蒂岡妮》

文—呂柏伸

當我在千禧年年底受邀為台南人劇團執導古希臘悲劇家索福克勒斯（Sophocles）的名劇《安蒂岡妮》（Antigone，又譯安提戈涅）時，有些問題讓我不得不加以思索：像是為何要在兩千五百年後的台灣製作這古老異文化的劇本？該怎麼搬演？以及為誰而演呢？

兩千五百年前，那群每年會在酒神戴奧尼索斯慶典看戲的雅典觀眾早已不復在。並且，重現一齣原汁原味的希臘悲劇在現今已是不可能的任務，因為有關希臘悲劇演出的史料，現今只有劇場遺跡和僅存的三十多本劇本可茲參考。因此最後我想，倒不如嚴謹認真地為今日的台灣觀眾做一齣他們能夠欣賞了解的希臘悲劇《安蒂岡妮》，期待觀眾在看戲當中，能體驗當年古希臘戲劇演出的形貌與震撼。

為此，我便著手展開一場與古希臘文化和戲劇的「相遇」——重讀大學時代唸過的荷馬史詩與柏拉圖的《理想國》，以及其他幾部的希臘悲劇；另外也閱讀許多學者專家對古希臘戲劇演出的研究資料、評論，並且蒐集聆聽傳統希臘民謠、音樂等等，這麼做的最終的目的是企圖完成一次對等的跨文化戲劇創作（台灣VS.希臘）。

首先，翻譯劇本的好壞通常已經決定外國劇本在本土搬演能否成功的關鍵之一。因此台南人的《安蒂岡妮》在翻譯上力求「忠實完整」。以人名的翻譯來說，通常在台灣搬演外國劇本，總是將外國人名在地化、台灣化，好讓台灣觀眾覺得親近，但台南人的《安蒂岡妮》則保留洋名洋姓，劇中所有的角色都保留其原本名字，像是伊底帕斯王的兩個兒子的名字—Eteokles（伊提歐克里斯）和 Polyneikes（波里內克斯），不但名字很長，唸起來也拗口，也的確讓不少觀眾在演出剛開始時聽來感覺彆扭，甚至發笑，但同樣為了對等的跨文化搬演，仍保留其希臘原名。

值得一提的是，在古希臘悲劇的演出中，歌舞隊占有非常重要的地位。歌舞隊通常是由十二或十五位成員組成，並且都是戴面

台南人劇團《安蒂岡妮》劇照　　　　　　　　（柯曉東攝影）

具演出，而台南人劇團的《安蒂岡妮》製作也保留此演出成規，以十二個演員擔任歌舞隊成員。此外，希臘悲劇當中歌舞隊有抑揚頓挫格律的頌辭部份（Choral Odes）則委託兩位台語詩人以台語七字仔改寫，並於演出時以不同的恆春曲調（思想枝、楓港調、牛尾絆）彈唱，為此不僅豐富了《安蒂岡妮》的台語譯作，也讓整個製作發揮本土實驗的精神，進而充分展現希臘悲劇的音樂性格。

嚴格說來，台南人劇團的希臘悲劇《安蒂岡妮》，只是我個人和這次參與演出的演員和設計家們，根據我與古希臘文化和戲劇的「相遇」時的所思所感，並結合適宜的台灣表演文化元素，所創造出的一齣我想像中的「希臘悲劇」。原因在於：我發現自己所相遇的，其實是不同學者專家，以其現代觀點（The Eyes of the Present）所想像、所詮釋、甚至所誤解的遠古希臘文化和劇場。

然而，相較於國內外其他許多一味只強調希臘悲劇當代化的作品而言，我這想像中的「希臘悲劇」，也正因那「相遇」，著實帶給台灣觀眾別開生面的一次希臘悲劇的風貌與震撼。■

本文作者為台南人劇團藝術總監

不論何時何地，希臘古典藝術風格永遠合乎人們的要求，
實現人類心中共同的理想。

流傳兩千五百年的完美

希臘藝術及其對後世的影響

文—賴瑞鎣

自希臘人奠定古典基礎以來，這種藝術風格經常主導著時代藝術的發展，不論何時何地，古典藝術風格永遠合乎人們的要求，

實現人類心中共同的理想；因為希臘人從歌頌自然到超越自然的過程，已掌握自然規律推衍出古典美的原則，使作品具備了超越時空的藝術價值。

公元前五百年左右，前縮法[1]的出現，希臘人更進一步地掌握了寫實技法。值此之時，雅典正逢民主政治的高峰，藝術家雖未脫離工匠的身分，不被視為文雅之人，但是他們已有機會參與政治事務，享受城市生活。

緊接著波希戰爭的結束，希臘人著手重建神殿、塑造神像，藝術家逐漸受到當政者的重視。公元前445年之頃，雅典巴特農神殿（Parthenon）以簡單質樸的雄偉形式展現人寰，多利克（Doric）建築簡單和諧的氣勢宣告了古典藝術的凱旋。在雕刻方面，菲狄亞斯（Pheidias）的雕像以正確掌握自然形體、適切表現完美形式聞名天下。十八世紀古典美學家溫克曼（Winckelmann）的至理名言「高貴的簡單、靜穆的偉大」，恰如其分地道出希臘古典時期雕像的特質。

古典藝術的榮光

希臘古典藝術的完成，給予後代藝術家反覆模仿與參考的機會，人們從學習中領悟訣竅和獲得靈感，進而開始嘗試動態的表現，於法度和自由之間取得平衡，力求在和諧中表達更流暢、更有力的人體造形。到了公元前420年前後，在「海格莎墓碑」（The Grave Stele of Hegeso）浮雕的構圖中，終於體現了這種優美和諧的境界。

這種風格婉約優雅的雕刻特色，也是同時期流行的建築風貌。此時建造的神殿多援用愛奧尼克形式（Ionic），神殿修長的柱身搭配著渦卷形花飾柱頭，顯示希臘人的藝術品味之轉變，傾向精緻典雅的造形需求。由於藝術品完遂了希臘人對事物完美的要求，雕刻和繪畫就如同當時的詩歌和戲劇一樣，開始被人討論、受人讚頌。

公元前四世紀中葉，在技藝高超的雕刻家手下，更多靈動的生命力被注入雕像裡，展露一尊尊極其優美的活人體態。「赫爾米斯和小酒神」（Hermes and Infant Dionysus）代表著希臘古典雕像的極致，赫爾米斯挽抱小酒神的姿態是那麼的輕鬆自然，勻稱健美的身軀配合生動優美的動姿，令人望之心曠神怡。此尊雕像見證了自然主義結合理想主義的巔峰狀況，藝術家以完美的人體造形襯托出至高無上的人性尊嚴，化冰冷的材質為感情流露的血肉之軀，巧奪天工的技藝使此作品傳頌千古。

時序進入公元前四世紀下半葉，華麗的科林斯式（Corinthian）建築大量地湧進希臘化世界。繁華富麗的景象與亞歷山大帝國的鋒芒交相輝映，當此之時，雕刻和繪畫也產生熱烈的回應，繁複的變化取代了古典藝術靜雅和諧的素質，再加上受到蘇格拉底、柏拉圖和亞里斯多德等哲學家言論的影響，藝術風格日趨人性化。公元前兩百年左右雕製的「勝利女神像」（Nike of Samothrace），堪稱為希臘化時代雕刻的極品。逆風展翼奮力前行的女神，迎風飄揚翻轉的衣裙彷

佛振振有聲，與周遭空間產生極為活潑的關係，形成一股逼人的力量。

　　較之「勝利女神像」，稍後雕製的「勞孔群像」（The Laocoon Group）則刻骨地表露悲壯的氣慨，勞孔父子受天譴痛苦掙扎的表情動作頗為生動有力。由此可見希臘化時代的藝術家刻意製造強烈的戲劇效果，企圖以激情撼動人心，昇華人物的個性美。藝術的發展到了此時，已由表現唯美的形象轉移到傳達內心深刻的感受上面。希臘人把觀察自然的心得逐次加入創作中，結合純熟的技藝和機敏的智慧，終於締造了超越時空、雅俗共賞的傑作。

　　希臘化時代之後，羅馬帝國接續了此一登峰造極的古典藝術傳統，藉著羅馬帝國的聲威，古典藝術的傳布更是無遠弗屆。如今，古典藝術已成了希臘和羅馬藝術的風格名稱，象徵著希臘和羅馬權威鼎盛時期的高文明。繼承希臘文化，成為西洋文化的搖籃，一直是義大利人引以為傲的歷史。可是中世紀異族崛起，北方新興文化取代了義大利古典傳統的地位，哥德藝術的風行全歐，使得義大利人的自尊心大受打擊。滿懷惆悵中，義大利人亟思恢復古典文化、重振昔日羅馬帝國的榮光。

文藝復興再造古典

　　十四世紀的人文主義學者佩脫拉克（Petrach，1304~1370），殷盼再生古典優美流暢的語言，他的登高疾呼，使當時的學者重視起學術的發展，開始檢討教育體制，質疑大學裡為何專注於晦澀的語彙，而荒廢珍貴的古典文學。義大利人文主義學者以古希臘之自由藝術為榜樣，研究語

（網路與書資料室）

法、修辭、詩歌、哲學、歷史、音樂、數學、拉丁文和希臘文等人文學科，從古典文化中尋找與他們時代相通的人生概念。

由研讀古典著作中，他們也留意到古代學者對古典藝術精華的描述，得知古典藝術的完美和諧是建立在觀摩自然以及根據數字比例推衍出來的規律上面。而在現實世界裡，許多古羅馬遺跡和古物正好提供他們映證的機會，藝術家開始細心觀察，有計畫地進行再生古典的任務。可以說，這時候的人並非一五一十的模仿古代，而是透過再生古典的精神重新探討世界，找出人在宇宙中的定位，這種情況下締造出來的文化已不再是原本希臘羅馬的古代文化，文藝復興時代「再生古典」的目標不久後便轉為「再造古典」的運動。

此外，在探討古典之際，文藝復興早期出現了「全人」（Uomo Universale）的觀念。這種由阿伯提（Alberti，1404~1472）首開風氣的人文思想，鼓勵人們應該透過學習去獲得一切知識和才能，務使自己在德智體群美各方面平衡發展，以成就全能之士的理想。阿伯提本人多才多藝的才幹自此成為文藝復興時代「全人」的表率，其著述之《建築論》（De re Aedificatoria）和《繪畫論》（Della Pittura）深深影響著往後的文藝復興藝術家，左右著建築和繪畫的發展，成為文藝復興古典美學理論的範本。

文藝復興時期藝術家重新探索世界，在這新發現的世界裡，上帝威嚴不容侵犯的形象逐漸化解，基於個人的人生體驗，藝術家筆下的上帝變成了可親可近的仁者，他們力圖以更圓滿的形式表現上帝實存與人同在的景況，並以充滿真實感的優美形式令人感同身受。當宗教信仰生活化後，藝術家將崇敬的心轉化為對藝術作品負責的態度，他們視高尚的表現為虔敬的表徵，藉由美好的藝術呈現，把個人腦海中最完美的神祇分享世人。米開朗基羅（Michelangelo，1475~1564）曾經參與「勞孔群像」的修復工作，從中習得古典雕刻技法，將古典風格融會貫通變成自己的風格。他精通各種學藝，也是文藝復興時代「全人」的代表，其才學和技藝充分發揮在他一生的創作中。

受到菲奇諾（Ficino，1433~1499）新柏拉圖思想的啟示，米開朗基羅重新詮釋新柏拉圖主義，深信神性的完美分化於萬物之中，將聖經與神話視為一個整體，以實踐心中的上主肖像，把個人內心的宗教熱忱傾注作品中。透過不停的創作，他極力體現神的完美與萬能，突破石材的限制，以萬鈞的爆發力展現內蘊無窮的生命力，統一了感官世界和精神世界的衝突。

相對於中世紀繪畫之平面構圖，文藝復興畫家採用對肉眼產生積極感染作用的形式，強調如雕刻一般堅實的立體人像和具透視感的三度空間，力圖製造視覺上真實的景象，給予人確實生活在現實世界的感受。在眾早期文藝復興畫家的努力之下，終於征服了兩大難題，就是如何在畫中

左圖為雅典娜神殿前的「少女列柱」。

安哲羅普洛斯透過電影，傳達了他欲聯結現代故事和古老重要傳說的意圖。

沿街賣字的電影詩人——
記希臘導演安哲羅普洛斯

文──謝仁昌

gelopo... work that goes be-
... auteur's wink at his or her fol-
...s whole conc... cinema as a
...econstruction, he is one of the
... upon, to be more accurate!) the
...tory. In *Voyage to Cythera*, it is
... the main character, the film di-
... *Gaze*, the protagonist is once
... the script), clips of whose last
... scene. The film they are from?
...poulos makes no press confer-
...s work.
...ut it is a motif, a strand in his
...s suggest a significant way in
...munication. On this level, we
... between Angelopoulos and
...ribe his films as "essays on
...ay," "to attempt." Similarly,
...hese are "attempts" to make
... follow through one way of
...y, and myth.
...man?

...5, to a family of merchants.
...small village in the Pelopon-
...es, Olympia and the temple
...ns. Angelopoulos describes
...very good man" (interview,
...d appreciated much. But it
...an the home and the family

... a successful businessman
..., and Voula, who died of
...changed his life. "I wasn't
...ply but with all the force

...ffected his family as they
...eath by ELAS, the Greek
...Occupation for not sup-
...h his mother to look for
...d Greeks. His father

1. Theo Angelopoulos

每一位電影導演都不會忘記初次透過攝影機觀景窗望出去的情景，那不僅是對電影的發現，更是對世界的發現。然而，若是不再確定自己的注視是全然正確而純真的時候，就得開始自問是否有能力去看了。

──安哲羅普洛斯

1975年一個嚴寒的九月夜晚，在希臘第二大城帖薩隆尼奇（Thessaloniki），擁塞而吵雜的觀眾簇擁著進入希臘電影節的主要戲院。觀眾坐定，影廳內的燈光暗將下來，噪碎的話語安靜下來，安哲羅普洛斯

（徐欽敏攝影）

（Theo Angelopoulos）的第三部劇情長片《流浪藝人》（*The Traveling Players*，1975）的黑色片頭登場。一部片長三小時四十分鐘的史詩電影，敘述希臘自1939年來，歷經第二次世界大戰、希臘內戰，直至1952年初希臘實施民主普選。一群流浪藝人在不同時期演出同一齣戲碼《牧羊女高爾芙》，因不同時期的政治介入，改變了演員對戲劇文本的詮釋，同時對比了當下現實與戲劇中的政治專權。這部電影沒有主要角色，全片幾乎是以渺遠的望遠鏡頭（Long Shot）和綿延不斷的長鏡頭（Long Take）組合而成，電影的色調偏向於希臘北方小鎮的黎明和黃昏的蒼白，景觀大多捕捉蕭索的冬天，觀眾從影片的內容和形式很快意識到這部電影有別於好萊塢電影所能觸及的深深的哀傷。

電影結束後，沉默了一段時間，觀眾才紛紛起立鼓掌，如雷的掌聲持續了十幾分鐘。從這部電影開始，希臘人才頭一次看到希臘導演安哲羅普洛斯所拍攝的、真實反映希臘近代歷史的電影，而這部電影深深地撼動了希臘觀眾的心。從此，《流浪藝人》的效應立即展開，一年之內，它成為國內最賣座的希臘電影，也是國際影展競相邀請的電影，先後獲得了為數超過十五個國際重要獎項，並榮膺國際影評人協會票選為影史上最重要的電影之一。

歷史並沒有死去，它只是打了一個盹而已。──安哲羅普洛斯

安哲羅普洛斯1935年生於雅典商賈之家，他的父親來自阿爾巴尼亞，在雅典經營幾家小商店，他形容他的父親為「極度安靜的好男人」，他在他的父親身上學習安靜。在第二次世界大戰期間，政治與飢餓襲擊他的家庭，如同當時其他的希臘家庭一般困頓。希臘共產黨以1944年德軍占領希臘期間不擁護共產黨為罪名，將安哲羅普洛斯的父親逮捕，雖然他父親最後幸運地逃出牢獄之門，但在他的記憶中清晰地記得他和他的母親一同到廣場去尋找他父親的屍體：

「在我九歲那年，父親被國民兵的擁護者抓走，許久以來沒有半點他的消息，我們都以為他已經死了。記得有一天，母親把我帶到一個大廣場上，在剛被處決的幾百具屍體間翻尋，她想父親也許是犧牲者之一。在很久以後，我在街上玩耍，我看到一個人朝我家走去，很熟悉的身影。我去通知母親，她走出來，迎向他跑去，兩人立刻緊緊擁抱在一起，然後我們三個人一塊回家。母親對父親開口說的前幾句讓話我十分震驚，她問他是不是想吃點什麼。然後她伺候他用餐，而他在靜默中喝著湯，我們除了相互對視，什麼話也沒說。」（Helene Tierchant訪問，1989）

父親返家的意象走入他的電影，追尋成為他大部分電影的基調，旅程是週而復始的生命與歷史的課題。《重建》（*Reconstruction*，1970）中移民工人重返家園，《塞瑟島之旅》（*Voyage to Cythera*，1983）以老政治犯返家作為影片的開場，彷彿是安哲羅普洛斯兒時記憶的真實重現，透過鏡頭重組獲得新的記憶，新的生命價值。

這個世界比以前更需要電影，它也許是最後一個重要的形式，用以反抗我們賴以爲生的混亂世界，用以處理現今語言與文化的混雜與界域問題，我試圖尋找新的人道主義，一條新的出路。——安哲羅普洛斯

安哲羅普洛斯的電影並非只是自傳式的電影，更精確地說，他自身結合了更深沉繁複的文化向度，超越了個人經驗和生活軼事的細節描繪，建構了安哲羅普洛斯特有的詩意神話場域。希臘的歷史曾受拜占庭、東方正教、鄂圖曼土耳其和其他西方文化的影響，並與來自不同時期的異教文化、人文主義相結合，安哲羅普洛斯透過電影，傳達了他欲聯結現代故事和古老重要傳說的意圖。安哲羅普洛斯深深為希臘神話及其文化所著迷，也為希臘過往壯麗的回聲所傾倒，像古希臘藝術、拜占庭文化等等。奧德賽和阿格曼儂的希臘傳奇是安哲羅普洛斯最常援用的典型，悲劇英雄返鄉的母題對應在《塞瑟島之旅》中，流放至蘇俄長達三十五年的老政治犯返抵家園，發現他早已喪失了一切，包括他的土地、房舍和他的公民身分，老人最終只能選擇再一次流放，他和他的妻子共撐一把黑傘，站在漂浮海上的木筏上，茫然地望著岸邊騷動的人群。安哲羅普洛斯以老人的遭遇為隱喻，變調歷劫歸來的尤里西斯和阿格曼儂的生命處境，反映希臘三十年來的政治狀態。

安哲羅普洛斯於1968年完成他的第一部短片《傳播》（Broadcast），在他其後的創作過程歷經了三個重要階段。七〇年代拍攝的「希臘近代史三部曲」：《三六年歲月》（Days of '36，1972）、《流浪藝人》和《獵人》（The Hunters，1977）探討1939年至1967年希臘被外強殖民的境遇。安哲羅普洛斯的電影帶領觀眾去質問歷史本身是什麼？對希臘的意義何在？個人在這樣的處境中如何找到出口？雖然安哲羅普洛斯給的答案是悲觀的，但在質疑歷史的謬誤的過程中，透露出強韌的生命力度。

「旅程」成為安哲羅普洛斯八〇年代以降電影的中心主題。《流浪藝人》中的旅行穿梭在歷史中，旨在藉神話中的人物釐清事實的真相，一種借古諷今。而八〇年代的旅程則是一種發現的過程，「沉默三部曲」：《塞瑟島之旅》、《養蜂人》（The Beekeeper，1986）和《霧中風景》（Landscape in the Mist，1988）的敘事軸線纏繞在主角的出發或回返，亦即奧德賽旅程的多重變奏。

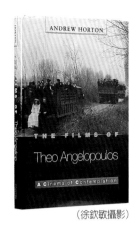
（徐欽敏攝影）

我的電影總是由現實情景出發，夢其實也一樣，不是嗎？——安哲羅普洛斯

在安哲羅普洛斯的電影裡，躊躇的步履是旅途的節奏，理想的幻滅通常是旅程的終點。《養蜂人》敘述沉默、幻想破滅的養蜂人，載著蜂箱，隨著季節更迭，走過一個又一個村落。他的餘生沉浸在他和久病的老友追憶逝去的過往、經歷的戰爭以及他們遠颺的青春。《霧中風景》中，日復一日，弗拉和亞歷山大姐弟倆到車站看一班班火車開往德國，終於有一天他們爬上了巨大的黑色列車，開始了他們尋找父親的漫長旅程。《霧中風景》藉由尋找父親此一命題探討希臘歷史的源頭在哪裡？長久以來該為孩子的身世負責的父親形象是希臘悲劇的根本迷思，如同無法定位的身分是希臘文化最原始的驅動力量。

因為《霧中風景》的小男孩問了一個問題：「什麼是邊界？」安哲羅普洛斯以他的下一部電影《鸛鳥踟躕》（*The Suspended Step of the Stork*，1991）來回答。馬斯楚安尼在《鸛鳥踟躕》中問了一個問題：「現在我們越過邊界了，但還要越過多少邊界，才能回到家？」安哲羅普洛斯的答案是：當我回來，就是再度出發的時候。應運而生《尤里西斯生命之旅》（*Ulysses's Gaze*，1995）的拍攝計畫。得到坎城影展金棕櫚大獎的《永遠的一天》（*Eternity and a Day*，1998）描繪行將瞬逝的詩人，意外地遇見來自阿爾巴尼亞、非法居留的街頭遊童，詩人從遊童的身上找回了失去已久的語言，當他開始與人溝通，身邊的人卻已紛紛離他而去。

誠如安哲羅普洛斯所言，在《塞瑟島之旅》之後，他企圖呈現內在與外在的放逐，他關注情感和地理的邊界如何阻隔人與人的溝通。安哲羅普洛斯化身為局外人，觀察並尋找其母國文化所擁有的和所欠缺的，並逐漸將其視野擴大到巴爾幹半島的命運共同體。

將電影構築在白色、沉默與靜止之上。——羅伯·布列松（Robert Bresson）

安哲羅普洛斯的影像特色在於他對長鏡頭、固定鏡頭和畫外空間的嫻熟運用。以廣角鏡或望遠鏡頭，在深景深（Deep Focus）的畫面裡，促使鏡頭內的不同元素進行辯證，在戲劇元素聚集與離散所產生的流動性中，建立影像的秩序與節奏，讓畫面內與畫面外的空間進行對話。在持續不斷的時間推移中，戲劇時間等同於真實時間，在情緒的蘊釀上推向了更抒情的內在感性。

在《霧中風景》接近尾聲的段落，一架直升機從海裡吊起一隻巨大的手，古典大理石雕塑像神蹟般出現。我們不知道直升機會把這隻手吊往何處？那隻手到底是什麼？來自何處？又代表著什麼意涵？它意味著古老的過去將不再和現今的希臘有任何聯結嗎？歲月靜默，欲語無辭，歷史還埋在很深很深的地方，安哲羅普洛斯勤以探索，電影將他的語言帶到世界各個角落，說給觀眾聽，關於希臘的烽火，人的一切。 ■

本文作者為電影兼出版工作者

童舞蹈畫、坦納格拉和波西亞的小人像，企圖使學生「不自覺反映出一點喜悅和同樣純真的雅姿。這是他們變美的第一步，通往舞蹈新藝術的第一步」(《鄧肯自傳》)。

舞者的聖地

1903年秋，鄧肯一家終於來到了膜拜已久的希臘雅典，她不禁跪拜親吻著這個讓她魂縈夢牽的藝術聖地。站在巴特農神殿裡，鄧肯完全被那裡的聖潔所震懾。也許在別人眼裡那是瘋狂的行為，終其一生鄧肯反覆活在貧困當中，可是為了接近「完美的頂點」，她把僅有的積蓄在科帕諾斯建立一所鄧肯家族的廟宇。在希臘那一年，平日所穿的是古希臘服裝和雷蒙設計的涼鞋、日出即起、改吃素食、冥想、教當地居民唱歌和跳舞，生活跟柏拉圖的《理想國》中所述的差不多。

有些人評論鄧肯對希臘的熱愛過於沉迷，對她而言那是現在和過去的一種連結，把希臘的藝術文化實行在生活裡，也將之傾注在事業上：「復興理想的古希臘世界，我不是指抄襲、模仿；而是被它的氣息養活著，從神靈感應中創造個人的特色，牽引著它的美走向未來」(《未來之舞》)。鄧肯所處的年代，跳舞被視為世俗、無須動腦筋的一種「娛樂」，藉著與希臘文化的結合，她要改變人們對她的舞蹈的看法。

希臘人視舞蹈、音樂與詩是教育的重要元素。柏拉圖認為那是屬於精神層面的東西，他主張所有舞蹈應該以宗教為基礎。在古希臘多里斯和斯巴達地區的合唱隊裡，舞蹈就是表達對阿波羅神的一種崇拜。一般而言，希臘舞蹈主要分成兩類，一類是輕快的跳躍式（Pidiktos）、另一類是較約束的拖曳式（Syrtos），又或兩種混在一起。跳的時候一般是以順時針方向，舞者以手帕或手牽手、腰際或肩膀圍成圈子。希臘民族舞研究專家史特拉圖（Dora Stratou）指出，無論該舞蹈有多激烈、節奏穩定地不斷增速，但從來不會演變成狂亂的舞步，到了一定的速度後，又會突然靜止下來，先前興奮的情緒和景象就像不曾發生過一樣。

考古學家發現很多古瓶上描繪田間的工人或節慶的表演者都是赤裸著身體的，因為古希臘人主張在適當或有需要的情況下，人應該解除來自衣服的束縛。沒有多餘設計的袍子，就是要讓人很方便地瞬間就能把衣服除下來。鄧肯強調了希臘舞蹈中的簡潔、自由，一切歸於自然來表達人類的七情六欲。

她尤其推崇法國戲劇導師德沙特（Francois Delsarte，1811～1871），所發展的一套表現體系：頭部以上代表理智，身軀和雙臂代表情感，而下肢代表肉欲。因此，我們不難發現鄧肯一身落地長袍、仰天張開雙臂，穿著涼鞋，或索性赤著腳的舞姿，水晶製造商施華洛世奇在2002年推出紀念鄧肯的「現代舞曲」系列，亦以此為造型。

表演華格納（Richard Wagner，1813～1883）創作的《唐懷瑟》（*Tannhauser*）時，鄧肯甚至穿上透明舞衣，讓觀眾清晰可見舞動著的每一寸軀體，她曾說：「這項真理被萬有所體認，並被畫家，雕塑家和詩人所奉行，只有舞者遺忘了它，而舞者是最該記得的，因為她的藝術器具就是人類的身體」（《未來之舞》）。這種解放身體的舞姿，對二十世紀初女性主義剛抬頭的社會所造成的衝擊可想而知。

向宙斯歌頌

鄧肯一直認為，悲劇合唱隊就是舞蹈的藝術，主張舞蹈是體驗音樂的一種抒發，而不只是一種純粹的動態美。在希臘期間，她發現了雅典男童有若天籟般的音色，於是精挑了十位組成合唱隊。就在訓練他們期間，鄧肯和家人發現到所謂「失落了兩千年的寶藏」：「教會的教儀中藏著古希臘戲劇的詩節和回詠詩節，和聲得體，推斷這些正是『父神、雷神兼保護者』宙斯的頌歌」（《鄧肯自傳》）。於是她翻查有關拜占庭教堂音樂的手稿，然後重新編排《陳情者》（*The Suppliants*）和《酒神女信徒》（*The Bacchae*）配合舞蹈的合唱隊部分。

很多人認為鄧肯反對芭蕾舞的死板，所以她的舞蹈是即興、隨性的表演，其實不然，她的舞姿都是經過細心的設計，只是鄧肯明白技巧只是手段，藉由舞蹈來表現舞者的精神面貌才是目的：「我尋求精神表現流入身體渠道、使其充滿震顫光的泉源——反映精神視象的離心力。過了很多個月，等我學會把全身的力量集中在這一個中心，我發現此後我聽音樂時，音樂的光芒和震動便流入我體內的這個光源——在不是頭腦之鏡而是靈魂之鏡的精神視象照見自己，有了這個視象，我可以用舞蹈加以表達」（《鄧肯自傳》）。這是鄧肯舞蹈的最重要理論。

鄧肯不喜歡面對鏡頭，捕捉到她舞姿的影像數量寥寥可數。據林懷民先生說，其中有一個十秒鐘的片段，還是偷拍得來的：在模糊的片段裡，披著薄紗、微笑展臂的鄧肯在賓客面前跳舞，在早期的黑白電影快格裡，動作顯得有點滑稽。我們來不及生於那個年代親眼目睹鄧肯的舞姿，只好從其自傳裡，她引述1908年11月15日《太陽報》的一段文字來填補想像空間：「看伊莎朵拉跳舞，我們的精神遠溯至過去，深入許多世紀前；回到世界的黎明，那時靈魂的浩大可藉軀體美自由表達，動作的節奏與聲音的節奏相對應，人體的活動與風和海一體，女性臂膀的姿態就像玫瑰花瓣開展，腳踩在草皮上就像一片葉子飄落在地面」（《鄧肯自傳》）。■

Living Part 5 生活

世上最長壽的民族是日本人，其部分原因，要歸功於日本人的經濟成就，使其享有全世界數一數二的醫療照顧。第二長壽的人群，則屬環地中海地區的居民，特別是希臘人。這就令人覺得意外了，因為希臘人的收入在歐洲敬陪末座，公衆醫療系統也十分簡陋。更有甚者，希臘的抽煙人數在歐洲人還排名第三。

希臘人長壽的秘訣，也許傳承自數千年來的文化，其要旨僅僅一條：「人生最重要事，莫過享受人生。」我的好友告訴我，「希臘人都厭惡工作，連總統也一樣。」「沒人想工作，大家只想享受生活，所以希臘人用在享樂的力氣，比工作要多！」一位在希臘工作的中國官員曾說，「人人想過希臘生活，但只有希臘人能不費吹灰之力辦到！」

這種希臘人的生活態度，表現在希臘生活的每一環節裡。

即使希臘人的生活方式不一定健康，希臘菜卻為他們帶來了健康的效果。其飲食已證明可以：增強新陳代謝與活力，控制體重，改善膚質，減緩老化，降低發生糖尿病、心臟病、癌症以及其他慢性病的機率等。

健康飲食才能享受人生

希臘的飲食中，大多數的熱量都來自於蔬果、粗穀類、豆類、堅果以及魚類，其中，每日有將近40%的熱量，是來自橄欖油及其他健康的脂肪攝取。橄欖油的益處眾所皆知，但希臘人的菜

這種對工作的排斥，其實不能算是懶惰，應該說是對於成就美好人生夢想的一種專注。

希臘人的生活哲學——
美食、熱舞、少工作

文—藍寧仕　翻譯—劉燈

餚還有另一個健康成分，那就是每餐至少要喝一到兩杯葡萄酒。

希臘人總是以花最少力氣來享受生活。將此一概念應用到烹飪上，結果就是菜餚的成分要少、火的使用也降到最少量。希臘人運氣不錯，所出產的肉類、魚類本身就十分美味，不需多加烹煮。而且，以高溫烹煮食物，容易導致癌症、破壞食物中的維他命、弱化免疫系統，因此最健康的食物是鮮食，尤其是生鮮蔬果、油脂，以及核果等。

希臘人吃得健康，且能兼顧美味，這是因為希臘人最普遍的烹飪方法，就是生食，或是簡單烹煮後，加上以鹽、檸檬汁、生橄欖油及Oregano（一種希臘香草）所拌成的醬汁

調味。這種醬汁簡單、新鮮，讓每樣菜都無比美味。有些人會瞧不起這種太簡單的調味方式，特別是和法國菜或中國菜的細緻繁複相比，但是大量食用生鮮及低溫食物，對健康可是大有益處──想要享受人生，你可得先有健康身體才成！

環地中海地區有一項共同的健康生活習慣，那就是運動。希臘人一天至少要走三十分鐘的路，或是在俱樂部跳舞。希臘人的早餐多是輕食，往往僅有咖啡，最重就是伴著蜂蜜與核果的優格，全是鮮食！午餐則吃得晚，通常在下午三點或更晚，而且是一天最豐盛的一餐，主要都是橄欖油，這使得飯後昏昏欲睡，所以需要午休。晚餐通常在九點半後才吃，同樣是輕食，往往就是優格、一盤沙拉、一點魚肉，偶爾在節日時吃一點BBQ烤肉。

美酒加咖啡

希臘飲食中最獨特的部分，除了橄欖油外，就是葡萄酒了；事實上，葡萄酒正是希臘人發明的，種類繁多，從甜酒到烈酒都有。希臘人偏好玫瑰紅或白酒，而且大多是喝冷酒，這和歐洲其他地方不一樣。希臘最受歡迎的酒叫Retsina。這種白酒，在發酵的過程中，酒桶裡加入了松香脂，使酒有一種十分濃郁的松樹香、一種希臘所獨有的香味。據說，在土耳其占領並統治希臘的年代，土耳其人會偷酒喝，所以希臘人把松香脂放進酒裡，好讓酒的味道變質或變差。最後，希臘人竟享受起這種味道，使其成為了國酒。最近的研究，在葡萄籽和松香脂裡，發現了一種名叫Pycnogenol的新維他命，而Retsina白酒兩者皆具，使它等於是雙倍地有益健康！這種酒搭配海鮮和烤肉，特別是配羊肉塊，更是美味極了。

另一種希臘獨有的飲料名叫Ouzo，這是由蒸餾過的葡萄汁，以及一種嘗起來像八角茴香的香料所釀成的酒。當水加進去的時候，會產生化學變化，使它從原來的樣子，變成清澈無色。欣賞此一過程十分有趣，味道則相當清新，不過甜、不過烈，極適合搭配肉類或海鮮飲用，特別是在海邊用餐的時候！

希臘人最常喝的飲料其實是咖啡而不是酒，但咖啡的種類，和世界其他地方都不一樣。希臘人鮮少使用鮮奶，市面上只有平淡無味的罐裝牛奶，這也難怪為什麼多數人寧可喝黑咖啡了。因為鮮奶容易變質，又需要更多力氣和設備，才能使牛奶保持低溫新鮮……這太花力氣了，和希臘人不想工作的理想生活，格格

不入！基於同樣的理由，冰塊也不是到處有，因為製冰太麻煩，且商店買不到，再說，許多咖啡店根本沒製冰機。為了讓咖啡店的生意不會太難做，通常在希臘只喝得到以下這七種咖啡：滲濾咖啡、法式咖啡、義式濃縮咖啡（Espresso）、卡布奇諾、Freddo，及希臘獨有的「希臘咖啡」和Frappe。

Frappe這種咖啡應該被列在希臘主食的菜單裡，因為它最常被點來喝。Frappe的成分有即溶咖啡粉、糖，如果你喜歡還可以加入罐裝牛奶，拌出來的外觀非常漂亮，有咖啡漩渦，奶霜，顏色呈棕色帶點白。Frappe的口感最一致，因為口味是由工廠而非吧台決定的。有了Frappe，你就不需要加熱，也不需要豪華的咖啡機，只有把所有成分丟進杯子裡，搖一搖就成了！這種態度反映了希臘人對品質和服務的看法……花愈少力氣越好，即使犧牲品質也無所謂！

散漫的工作態度

希臘工作時間很短，大多一週只工作五天，且通常工作日只有半天。這對工作的人當然很

（馬繼康攝影）

棒，但對消費者來說就要命了。最典型的例子，就是去政府單位辦文件。大多數的部門都尚未電腦化，即使只是為了一張如結婚證明書這樣簡單的文件，你都可能得跑上五個不同的地方、讓各種官員蓋章、交出各類文件。如果你要前往希臘的政府單位，最好帶著各種想得到的文件，才能減少被退件的可能。

希臘常有罷工，你想要找的櫃檯辦事員可能休假去了，而沒有人代他的位置。政府單位下午一、兩點就關門了，所以如果任一環節出錯，你就損失了一天。希臘的法庭也好不到哪去。不單是開庭時間短，八月根本是不開庭的，因為太熱了（攝氏40度上下），冷氣在希臘還不普及，不如休庭。

如果要付電費、電話費，你得在上午九點至下午兩點之間辦完，而且排隊人數眾多，因此得花一個小時以上。希臘沒有便利商店，不過有名叫Kiosk的街頭小亭子，賣些飲料、零食、香煙、報章雜誌類的東西。但是，多半只開到晚上十二點，有的更早，而且週末不開店。超級市場周一到周五營業到晚上八點，周六只到中午，如果你想在周日開伙，你得提早買齊所有東西。

希臘的兒童應該是最享受生活的了。他們上午八、九點上學，下午兩、三點就放學了，然後回家用餐、午睡。醒來後，他們做做功課，然後通常和朋友們去咖啡店或Pub裡。許多父母從十三歲起就供錢給小孩去，他們相信，如此小孩才能享受生活，甚至因而遇到未來的伴侶。這一類的觀念，有些源自以前早婚的年代；女人通常十三或十四歲就該訂婚，十六到十八歲就該結婚了。超過二十歲的女人就被認為太超過、太老了，不

容易找到結婚對象。

希臘人重視自己人生的享受，有時會讓人無福享用。例如走進餐館，服務生問你想點什麼，但口氣粗魯，彷彿在問，「今天沒事幹嘛進來煩我？」如果你還想問些其他問題，服務生便會顯得極不耐，還要你快一點因為他很忙……即使你是唯一的客人！當然，這只是個極端的例子，總

（馬繼康攝影）

也有態度好的服務生，但態度好的通常是老闆本人，不然就是擁有這家店的家族的一員。就因為這樣，大多數的希臘零售和服務業，都是家族企業，很少聽說有雇用外人而還能成功的公司。

這種對工作的排斥，其實不能算是懶惰，應該說是對於成就美好人生夢想的一種專注，不工作、只享受。這種說法的最佳證明，便是那些離開了希臘、移民到美國、加拿大或澳洲等地的希臘人。身處異國，他們覺得人生無味，沒有美酒、島嶼、海灘，只有壞天氣，當地人又無聊。唯一值得做的事，就是賺錢，這樣有朝一日，他們就可以回到希臘，享受美好時光，並且向朋友及家族炫耀。希臘人在國際上以會做生意而著稱，輪船大王歐納西斯（Onasis）便是一例。每一年，許多富有的希臘人退休而回到希臘，結果造成了希臘有著高到不成比例的退休老人。

你可以想像，希臘人的工作倫理，造就了一

（馬繼康攝影）

種非常不便的生活。人人壓力大，煩憂要如何付掉帳單，還能更有錢享受他們夢想的美好生活。壓力到中午時最高，那時大家都餓了，又得急忙在所有地方下午兩點休息前，做完所有的事。此時希臘人會變得很莽撞、臉色難看。開車的人很少注意交通號誌及規則，加上許多道路又窄又舊，所以每到尖峰時間，交通狀況有如瘋人院，有時甚至蔓延到其他時段。晚上十點到凌晨一點間碰上大塞車，一點也不用覺得奇怪，因為人們那時都要出外用餐或參加派對！

工作只是享受生活的手段

最近幾年，年輕的希臘人想要有新車、手機，各種新鮮的產品從歐洲源源不斷引進，其價格並不便宜。年輕一代的希臘人，受到外國工作倫理的影響，變得比較願意認真工作賺錢。此外，越來越多公司照國際標準來調整他們的工作時間，因此午休對雅典人來說，已慢慢淡出了。新一代的勞動人口，愈來愈成功，且為希臘帶來了新的經濟成就，不過，這只限於在雅典、特沙洛尼卡（Thessalonica）等希臘北邊的少數大城市裡。在希臘其他地方，傳統的生活方式沒有改變，人們也強烈抗拒改變。工會力量強大，罷工司空見慣，因此看報紙或聽新聞是很重要的，這樣才能知道明天又是哪幾家公司要罷工。

隨著奧運到來，希臘得以向世人展現其現代化的成果，但同時，希臘也會向世人展示，物質生活之外，也許有其他東西更重要，亦即，生活品質應是生命中最重要的事。工作只是為了能更享受生活的手段，而不是生活的重心。在希臘的希臘人都相信，他們夠聰明、夠幸運，能讓這樣的夢想成真！　■

本文作者為希臘人，目前為安法診所醫師

希臘生活一日體驗——假如你是希臘上班族

早上上班，下午睡覺，夜晚Pub狂歡……直到隔天早上八點……

文／圖—藍寧仕　翻譯—劉燈

要了解希臘人的生活方式，最好是親身體驗。傳統上，希臘男人和女人過日子的方法不同，不過，隨著今日有更多女性獨立工作，上班男女的生活方式已經越來越相近了。

上班族的每日生活，通常是從上午七點開始。起床後，先洗個澡，然後花一小時時間，著裝，準備上班。如果你有老婆或媽媽幫忙，就有人會弄早餐：一小杯希臘咖啡，配上一塊麵包或餅乾；否則就直接去上班。大約上午八點時出門搭巴士或其他交通工具，然後在八點半到九點間抵達上班場所。

下午兩點就下班

上班的第一件事，是買一種名叫Frappe的咖啡，那是一種用即溶咖啡和很多糖（分量由你決定）打成的咖啡，通常還拌上牛奶，好讓飲料有漂亮的泡沫，另外還可以加冰。公司附近的咖啡店，會用一種吊盤把飲料送來，上面還有像餅乾或起司派一類的點心。

喝完一口，你就把Frappe帶到自己桌上，然後開始上班了。如果老闆不在，你就有機會和同事大聊你家裡的事、感情生活、政治，或是因為奧運而狂漲的生活費。從那時開始，每當你感覺壓力

大或無聊時，就會慢慢喝上一口咖啡。壓力大或無聊是很常見的事，因為希臘人睡眠不足，導致易怒且沒耐性……也因此，一杯咖啡是不夠的，你大約得在中午十二點時，再買上一杯咖啡。對了，在希臘是沒有午餐時間的，此刻的你應該覺得餓了。

上班時間到下午兩點結束，你恐怕得吃好幾塊餅乾，或是其他垃圾食物，好撐過你的飢餓感，當然這也要看你住在哪個城市啦。然後，你離開辦公室，回到家裡。在回家的路上，如果你運氣好，還可以買些點心，像是BBQ烤肉一類的，但事實是，大多數的餐廳要晚上九點後才開門，所以你比較有可能直接回家吃飯。

通常你的母親，或是家中沒有工作的其他成員，已經把你的午餐準備好了。午餐有拌著橄欖油和檸檬汁的沙拉

（Lathera），以及一些烹煮過或相當油的食物。這類食物源起於土耳其，通常有蔬菜、肉、米，或是在烤箱裡拌上大量橄欖油所烤的麵。同時，你還會吃上幾片鄉村風味的麵包（厚實有嚼感，和台灣的土司或法式麵包不同），吃上幾口feta起司（山羊或綿羊奶做成），然後至少喝上一杯酒。

你餓壞了，所以會吃得過量，加上葡萄酒的催化，以及午後隨季節不同、通常介於攝氏20至40度的高熱，你會覺得昏昏欲睡。你回到房裡，脫下衣服，然後睡個午覺，一直睡到下午三、四點或更晚才起來，依日子和你的工作性質而有不同。

如果在公家單位上班，或是從事其他建築、勞動、醫療等工作，下午兩點你的工作就已經結束了，因此你想睡多久就睡多久。如果在店鋪、市場或其他零售業場所工作，周一、周三和周六只上半天，一樣愛睡多久就睡多久，所有的商店也在下午兩點就關門了。但是周二、周四和周五，你得在下午五點回來上班，工作到晚上八點或九點。

午覺起床後，你會喝杯希臘咖啡或Frappe，如果不趕著回去，可以放輕鬆聽聽收音機或看看電視。下午不用上班

的人，通常到晚上六點或更晚才起來，然後在七點喝杯咖啡。咖啡開始讓你清醒後，大約晚上八點到九點，你會打電話給朋友們，討論待會兒要在哪碰面吃晚餐及喝酒。

再累也要徹夜狂歡

晚上十點，你來到最愛的餐廳，餐廳也才剛開門。然後你點了酒和一些開胃菜，因為朋友還沒到——雖然你們約晚上十點見的。他們要在十一點過後才會真的出現，反正你也不在乎，因為那時，你已經喝了三杯美味的酒了！

見到朋友時，你起身一一擁抱他們，親吻他們兩邊臉頰，然後請他們喝點酒或其他飲料，他們會從吃剩的開胃菜開始吃起。服務生過來問他們還想吃點什麼，他不會拿菜單過來，因為絕大多數不錯的餐廳，都沒有正確的菜單可言。每個人都點了菜，喝了啤酒或葡萄酒，

然後討論生活、八卦、政治，或是其他時事。

菜要等到十二點左右才會上來，大家都吃得很快。這時差不多已經凌晨一點了，如果第二天早上還得工作的話，你就會向大家說晚安，回家睡覺。如果隔日不用上班，或是，你們年輕又瘋狂，就會離開餐館，到希臘任何城市都有的上百家Pub的任一家繼續流連。

你們差不多凌晨一點半到兩點左右來到Pub，發現店裡客人也都是此時才開始陸續抵達。大約凌晨三點，Pub變成人擠人的舞池，女孩子則在桌上或吧台上瘋狂跳舞，整個地方滿是抽煙的人，讓你幾乎無法呼吸，但是無所謂，反正你也相當醉了，而且每個人都很快樂！

活動通常會到大約凌晨四點或更晚。希臘的俱樂部沒有法定年齡限制，大家都到同一類的俱樂部裡玩，其中有的人已經七十幾歲了。如果你真的夠年輕、

夠瘋、夠狂野，你的派對會一直持續到早上八點。

狂歡加上酒精，你的肚子開始覺得不適，所以你到了一家賣湯的傳統餐廳，這種餐廳賣一種名叫Patsa的傳統羊腸湯，據說能減緩你的肚子不適，且助你入眠。這種餐廳二十四小時營業，事實上，是唯一全天營業的餐廳，但不好找，因為它們多半是家族事業，而且不在大馬路上。

如果你第二天得工作，你得在七點至七點半間起床，靠著咖啡的力量撐過一天，然後利用午睡時間補眠。如果你運氣好的話，你今晚應該有辦法早睡，也許午夜十二點左右就能睡了，除非，又有朋友邀你出來玩了！希臘人這種工作和狂歡的循環，真是累人，但是這樣做卻又能讓你覺得，你在全力享受生活，即使這種享受真是耗盡體力——至少，這樣的盡興可以讓你睡得香甜！ ∎

淡水河與愛琴海的距離

台北與希臘的距離，何只是幾十個飛行小時可以衡量？

文—藍嘉俊

用不著看第二眼，就知道這是一個人們漫不經心卻又傾盡全力所建造的潦草城市。

——《想我眷村的兄弟們》，朱天心

無論就外觀或骨子裡，很多時候，你居住的這塊台北盆地就是感覺不舒服，甚至讓人喘不過氣來。如果真要找個逃離的地方，希臘，總會是個不錯的選擇。

為什麼是希臘（或者說，希臘的那些天堂般的小島）？去翻翻相關的雜誌與書籍吧！我們所欠缺的，或許能在這個為愛琴海所包圍的國度裡，得到慰藉。

比如說一種關於環境的美感。

你走進台北101的Page One，瀏覽書架上希臘最典型的藍與白，喔這迷人的希臘。不過，當下所處的這家書店也不錯啊——裝潢講究、音樂優雅。所有在室內活動的人都自我感覺良好，彷彿頗能和書中的美麗世界相互輝映。只是往靠窗的位子

一站，樓下凌亂的工地景觀，旋即就刺傷了眼睛。

對外部環境漫不經心的台北

原來，你待在一棟尚未完工的建築裡。但對台北人來說，這樣的衝突從來就不是困擾，這可是世界第一高樓哩。在這座喧鬧的城市裡，我們總是追求一種不協調的奢華與獨特。台北有頂尖的服飾名品、有用豪華建材打造的建築，卻沒有相對應的整體環境品質——我們只關心室內空間，對於窗外的世界，或者冷漠以對、或者無能為力。

台北的變化過於急遽。因為追求流行與開發，所以無情、並且失憶。老舊的東西經不起時間的洗禮，大都來不及道別就被剷除了。接著是大興土木，使得整個都市永遠像個大工地，落不盡的塵埃，漂浮在灰色的天空與一樣灰色的水泥森林中。

也就因為如此，Mykonos、Crete、

Santorini這些希臘小島亮燦燦的陽光、藍天和小白屋，才能永遠像夢境般吸引人。她們的宜人在於運用了最自然、精簡的素材，卻呈現出最大的美感氛圍。建築物渾然天成，好像就從地上長出來似的，一點也不勉強。無論穿梭其間或從高處眺望，都是種享受。這種美感是整體的、協調的、友善的。這種美感同時也是穩定的，百年來如此，辨識度極高。若衰老時帶著下一代的人舊地重遊，你不用擔心找不到你的回憶。

台北的建築是混血的，這是一個殖民及移民城市的宿命。日式、中式、美式、歐式、現代、復古……，各種建築語彙東拼西湊，但就是沒有自己的風格；或是因為承載過多訊息，最後卻什麼都抓不住——你還真不知道該如何描述這個城市。

台北的空間環境是雜亂的，近乎一種無政府狀態。隨便登上一棟尋常的公寓樓頂，360度環視一圈，你會看到一整片城

（蔡志揚攝影）

市的頂端，像個癩痢頭，全鋪滿了參差不齊的水塔、天線、小耳朵、鴿架，以及由各種材質組成的違章建築。如果視角再往下移，你會看見一條條猶如生鏽刀片劃開的、始終潮濕而陰暗的後巷，各種張牙舞爪的廣告看板、遮雨棚與鐵皮屋，當然，最經典的畫面還是那些無所不在的鐵窗與機車。這些光怪陸離的鏡頭，適合在前衛藝術館作為「後現代」的一個展項，它可能完全符合西方國家對於第三世界的異國情調想像，但卻醜陋無比；它可能是一種「生命力」的展現，但卻不是一個人性的環境。

台北並且是個對水不友善的城市。從前流經市區的小渠道被加了蓋，從此不見天日；環繞在側的基隆河、淡水河，則被高聳的堤防排除在外。就像用一道鐵窗、兩道鐵門把自己關在房裡，我們用更龐大的鋼筋泥塊把整個城市與水帶隔開，俱以「保護」之名。事實上，我們保護的只是一塊狹小又封閉的場域。所以當你來到希臘的小島，推開窗戶或倚著陽台和大海零距離接觸，因為所有的空間都流暢無所阻礙，視野與心靈頓時也獲得最大的自由。

競爭叢林養成集體焦慮

不同的生活環境也就塑造了不同的生活態度。

2004年的奧運要在希臘舉行，但希臘本身卻不是個講求「競爭」的國家。那裡的生活節奏平緩而閒散，一天，通常就從一杯香濃的咖啡開始，並且在以一個悠長的午覺。相對地，台北卻是個充滿競爭的叢林，「提升競爭力」是最當紅的概念。我們可能沒有足夠的用餐情緒或時間，匆忙趕車才是一天的序曲。走進搖晃的通勤車廂，裡面的空氣卻是凍結的，上班族個個目光呆滯，讓人有奔赴屠宰場的錯覺。

根據2002年IMD瑞士洛桑管理學院的報告，台灣人每年的工作時數高達2,282小時，世界第一，是名符其實的工作狂。隔年，《Cheers》雜誌的調查顯示，有75.2%的受訪者覺得自己工作過量，其首要原因是「主動承擔，增加個人競爭力」。此外，台灣的生育率（2003年）只有1.22，全球數一數二的低，「生活壓力大、事業與家庭難以兼顧」是重要原因。是的，就是競爭。在書店裡，有整櫃子的書籍，傳授讀者如何在職場中生存、戰勝對手，反映的是一個競爭導向社會中避免自己出局的集體焦慮。

這種害怕出局的氣氛，在求學階段就殘酷地展開了，所以補習班永遠生意興隆。在這裡，莘莘學子反覆訓練各種有利於升學的技能。大考前夕，「衝刺戰鬥營」、「黑馬特訓班」紛紛推出，緊湊的課程搭配講台上一排背值星帶、著迷彩服的人員，督導台下密密麻麻的奮戰考生。打贏了，就攻克熱門科系，搶得職場先機。我們的競爭性格，從小就在這種擁擠、扭曲的場所中培養出來。

「……三分天注定，七分靠打拼，要拼才會贏」，這首八○年代傳遍街頭的〈愛拼才會贏〉，由原汁原味的葉啓田唱來格外具有說服力。它的歌詞代表一種台灣精神，往前往後貫穿了整整半個世紀，它存在於台灣人的意識底層裡，從來也沒有離開過。

一位在台北工作的希臘朋友看來，「台灣人很怕窮，沒錢好像一切都完了，所以要拼命工作賺錢」。相反地，享受人生才是希臘人的生活態度，不是沒日沒夜沒休閒地工作。他們經濟水準也許沒台北高，但生活的質感卻在我們之上，比如，始終有一種花兩、三小時用餐的心情，而非一邊抱著便當，一邊顧著開會。

在淡水河與愛琴海邊，時間以兩種不同的速度在移動。

「生命就該浪費在美好的事物上」，這句廣告文案對緊張忙碌的台北人就真的只是廣告文案，卻是希臘人的生活寫照。或許，希臘不過是個代名詞，她可以是任何一個具有迥異於台北特質的國度。她試著告訴我們，如果成長經驗裡能少一些鐵窗與補習班，多一些環境與生活的美感，日子，該會多麼不同？ ■

一次在接受訪問時提及Madeleine Vionnet對他在使用布料、設計墜摺上的影響。但在Madeleine Vionnet所屬的年代，她卻早早選擇在1939年關閉了自己的時尚屋。她不屑死對頭香奈兒提出「女人穿男裝」的新流行時尚，不只一次譏諷香奈兒是「那個做女帽的」，Vionnet自詡設計是要給女神穿的，可不是那些膚淺、追新的社交名媛。

流行的現實果真很快忘了Madeleine Vionnet，但她提出的追求卻成了日後設計師們討論衣飾結構、援用或借用希臘風格來豐富設計語彙的一種模式：一塊布、少用剪刀、隨心所欲在肩頭打個結或在腰間繫帶、簡單之中創造出不規則卻協調的美感——源於希臘的長袍（Chiton）、寬鬆外袍（Peplos）、長衫（Himation）從來就沒有退出過時尚伸展台。

讓女星變身女神的祕密

設計師頭角崢嶸的八○年代，兩位義大利新銳也從希臘出發了。

在希臘古蹟旁買了一棟房子，年輕的凡賽斯（Gianni Versace）開始了自己的風格探尋。出生於義大利南部窮鄉小鎮Calabrian的Gianni，時常提到自己是「來自有悠久歷史的土地，可遠溯至希臘時代，古老到知道貴族般的設計是什麼樣子」。

這位極有野心的希臘後裔，利用有限的環境充實古文物的知識，日後在他的服裝帝國中總會出現金色的美杜莎（Medusa），還有地獄女神Persphone的形象。他曾仔細研究過這位希臘女神沐浴時的姿態、頭髮、衣服裝扮，希臘服裝極為細緻的披衣綴摺、深V領的流暢弧度、寬鬆的長袍樣式，幾乎是從一開始就出現在他的作品中。他

使用這些被自己理解、消化過的古典印象，但從來不是一成不變地模仿。

緊跟著Gianni本身的品味和想法，這些Icon化身為只屬於Made in Versace的，漂亮、神奇的女人。相當優雅、極端性感，Gianni塑造過無數女神，他鼓勵黛安娜王妃斜露香肩、穿著貼身亮緞的土耳其藍禮服，瑪丹娜1995年在Brit Awards上一襲綴著亮片、露胸皺摺的象牙白禮服則唯有「搖滾女神」可封配。儘管設計師已死，如此來自古希臘的繆斯依然每季都讓好萊塢女星們引領期望。

不同於Gianni，Romeo Gigli是位神祕、羞澀的羅密歐。在中性、用墊肩套裝雕塑女強人的時代，是創意鼓勵他該更為大膽！1986年在米蘭的Catwalk，石灰岩伸展台的盡頭緩緩走出了飄逸的雪紡紗長裙，不對稱的裙擺、裸足的模特兒、低調的用色，優雅而柔美的形象溢出著古希臘的羅曼蒂克。評論以「不完全表述大師」、「前拉斐爾時期」為Romeo定位，哪怕日後他繼續忘我地到東方、拜占庭帝國進行風格旅行，一種貼身、柔軟的浪漫都持續在作品中隱隱發著光。

貼身自在的永恆時尚

不同於性感妖姬、Lolita、小公主或Pink Lady般的甜美，希臘女神是個需要更完美、脫俗的時尚符號。對於女神形象的思慕，透過大量博物館收藏的雕像、陶瓶、畫作而變得清晰具體，2003年在紐約大都會博物館有項特別的展覽，〈Goddess〉服裝展特別將館內的古希臘收藏，一一對照了今日服裝設計師的作品。從18世紀末拿破崙帝國時期的宮廷服，Madame Gres、Paul Poiret的作品，到當紅設計師，以及妮可基嫚2000年參加

1931年《*VOGUE*》雜誌中的服裝影像。模特兒穿著Madeleine Vionnet設計的服裝,一如希臘女神般飄逸和優雅。在「美好年代」時期,這樣的形象也常出現在許多設計海報上。

奧斯卡頒獎的金色禮服，完整爬梳了希臘影響下的風格及世變。

這項展覽由Gucci集團贊助、設計師Tom Ford擔任統籌，而這年2003A/W秋冬系列中，Tom Ford正是以「後現代的女神」為題來挑戰自己。他向來鍾情具有彈性、皮革亮面的布料，用繃緊的硬線條詮釋酷酷的、奢華又性感的摩登。但這些武器依然可以使用得「很希臘」，他在樣式上復古、質材上未來，自有一番對希臘女神的想法與詮釋。

用年代翻轉年代，再多復古的手段畢竟是為了成就與呈現當代的創作。古希臘的風流每隔一、兩季必須重出江湖一回，久了總有「喔，又來了！」的欲振乏力。其實再沒人像Madeleine Vionnet那樣突破創新，或像Issey Miyake那樣玩出了新鮮。倒是幾位英倫、比利時的設計師，不從形象複製而從服裝的結構性出發，讓希臘服裝所留下的遠見有了更多的新可能。這些「六年級」、「七年級」設計師把秀場當作是小劇場，作品一如前衛藝術般前衛，他們的個人風格大於優雅和對經典的繼承，但可能成為新經典的新銳真的指日

4.現代舞之祖——伊莎朵拉·鄧肯，穿著類似古希臘繆斯般飄逸多皺摺的舞衣，第一次演出時的速寫。鄧肯非常欣賞Madeleine Vionnet的設計，而她則是Vionnet心目中最完美的女神。

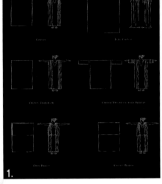

1. 收錄於《時尚字典》中的古希臘衣飾結構剪裁圖。
2. & 3. Prada 2002年秋冬系列，與1937年時尚插畫家作品的對照。

可待嗎？在未來，我們真的願意買、願意穿成那樣嗎？來自希臘的Sophia Kokosalaki也許提出了一些新的想像。

吸引了最多關愛的眼神，這位三十出頭的設計師已有包括Loewe、Fendi等Super Brand爭相延攬她做為品牌設計師，在她的發表會上，還赫見專注欣賞的Vivienne Westwood。

出生在雅典，1998年Sophia畢業於倫敦的聖馬汀學院。她很以自己的文化背景自豪，也讓旁人眼裡的異文化有了更合理、當代性的說服力。希臘女神般的古典與優雅，一樣使用壓摺、垂墜、綁繫等細節，但為了看Sophia是如何做到的，即使在九一一的非常時期，紐約重量級的時尚評論家依然願意飛到倫敦去看秀。喜歡用家鄉的手工粗棉布、希臘的白和陶土紅色，Sophia極為溫柔、感性地讓希臘文化不只是一種技法表現，也不再專屬於女神，它們貼身又自在地超越了時空與時尚，帶來了新的態度，以及一些關於生活的感想。　■

本文作者為時尚工作者

看過電影《我的希臘婚禮》麼？因為赴英留學，我接觸到一群與眾不同的希臘同學，在深刻的臉部輪廓下，他們渾身充滿熱情，永遠有用不完的電力（應該說是精力旺盛吧！），骨子裡卻又固執地令人快要受不了！作為希臘人的朋友，我覺得自己是很幸福的。但深入相處後，如果要作為合作Project的伙伴，我會說：「別了吧！」

如果說我的留學生涯是被希臘人包圍，一點都不為過。報到第一天，全班七十幾位同學中，就有三分之一是希臘人。搬進學生宿舍，同一層樓七個房間中，更有四個室友來自希臘，想想，其實我也可以拍一部電影，片名就叫「我的希臘室友」！

一間宿舍，兩個世界

住進宿舍的第一天，雖然累得要命，我還是盡力發揮禮儀之邦的優點「笑臉迎人」，沒想到兩位希臘辣妹室友卻還我面無表情的一副酷樣，其中一個開門見山問：「這裡的櫃子到底能不能用？」「那邊的衣架是不是有問題？」說起話來一點也不友善，簡直把我當成舍監質問！這不免也讓我戴起自我防衛的面具，心想：「跩什麼，老娘還不把你們放在眼裡呢！」

Efy和Katherina就是這兩位說話「十分直接」的希臘小姐，緊接著是卡斯坦汀諾（那希臘名我實在忘了怎麼拼）和John，四個希臘人搬進來之前完全不認識，但因為同屬南歐國人，立刻就結為好友；宿舍裡剩下的三個人，則是來自台灣的男同學Mike、大陸的女同學Sally，和我自己，小小的地方一下分成東方和希臘兩個世界。

四個希臘室友說話的語調，如同他們的個性一般高昂宏亮，狹小的宿舍中經常被他們弄得迴音陣陣，我們三個來自東方的同學跟他們比起來，顯得特別安靜內斂。若再將他們跟個性較為陰沉的英國當地人比起來，更像是來自兩個不同星球的人類。

卡斯坦汀諾和John的話題幾乎都離不開女人和髒話（恐怕全天下男人都是如此吧！），也喜歡找Mike打屁聊天，還很喜歡學中文的「Fuck you」，

（作者提供）

和希臘人相處並不難，只要你擁有無堅不催的流暢口才和最堅毅沉穩的耐心！

我的希臘室友

文—巴黎蛋塔

「雨天早晨寫起文章來，不知道為什麼就會變成雨天早晨似的文章。不管事後怎麼試著修改，都無法從那文章裡把早晨雨的氣味拿掉。在羊群一隻也不剩地失去之後的寂寞牧地上，無聲降落的雨的氣味。濕濕了越過山頭而去的老舊卡車的雨的氣味。我的文章被這樣的雨天早晨的氣味所包圍。半宿命性地。」（村上春樹·《遠方的鼓聲》）

寫這些句子時，村上春樹正在希臘米克諾斯島創作《挪威的森林》。在好像「把書桌擺在深井底下寫小說」的日子裡，希臘的雨似乎淺淺深深地落在文字四周，以致於我們現在似乎還可以聽見雨的聲響。「我三十七歲，當時正坐在波音七四七的機艙座位上。巨大的飛機正穿過厚厚的雨雲下降著，準備降落在漢堡機場。十一月冷冷的雨，將大地染成一片陰暗……。」故事從雨裡揭開序幕，也在雨的意象走入尾聲：「綠在電話那頭長久沈默著。簡直像全世界的細雨正降落在全世界的草地上一般，那樣的沈默繼續著。」

開始寫《挪威的森林》時，村上春樹正好三十七歲。這一年他離開日本到海外生活，在三年的時間裡，他旅居希臘、義大利等地，完成《挪威的森林》、《舞舞舞》兩部長篇，翻譯了幾部作品，日後還出版了這些年的旅行紀錄《遠方的鼓

村上春樹、亨利·米勒、符傲思，許多作家都曾漂流到希臘，並在作品中留下這裡的印記。

希臘的雨——作家轉換的旅程

文—徐淑卿　攝影—陳明聖

聲》等。從理解村上春樹創造歷程的角度來看，《遠方的鼓聲》無疑是作者現身說法的第一手資料，但是《遠方的鼓聲》所呈現的觀看異國的視角，也回頭幫助我們理解村上這個人。至少在我的感覺裡，就像許多人眼裡平凡無奇的雨，居然成了《挪威的森林》恆在的灰濛色調，村上春樹也許是少數不被希臘紀念碑式的輝煌過去震懾的人，他不像余秋雨在《千年一嘆》裡，一踏上希臘的土地就開始準備獻上頌詞，對村上來說更有趣味的也許還是生活在這裡的樸實的「左巴系希臘人」。

不論是希臘各個小島上形形色色的人，林林總總的貓，雜貨店、餐廳、電影院，宛如希臘神話中出現的暴風雨，和發起馬拉松賽跑的祖先不一樣的不喜歡慢跑的人們，《遠方的鼓聲》裡沒有太多希臘古老的榮光與遺跡，只有普通人的生活。雖然他在行進的過程中難免牽涉其他文本，如在斯佩察島的時候，他不免提到英國著名作家符傲思也曾在當地的寄宿學校任教，而後符傲思在這裡的經驗，也成了首部長篇小說《魔法師》的背景；在克里特島的時候，他當然會想起卡山扎契斯的《希臘左巴》，那個粗獷、熱愛生命、既專注於工作也懂得即時行樂的酒神式人物，成了他形容原味希臘庶民的代名詞。

進入希臘所需要攜帶的
50本書
3本和其他47本書

與希臘相關的網站推薦詳細介紹與內容，請上網查閱，網址為

http://www.netandbooks.com/taipei/magazine/no12_greece/web.html

《理想國》柏拉圖（Plato）／著 郭斌和、張竹明／譯（北京商務）

柏拉圖（大約427-348 B.C.），出身雅典一個貴族家庭。他原名亞里士多科斯（Aristocles），在學校的時候因為他的肩膀很寬，因此被取了一個外號叫「柏拉圖」（Plato），也就是Broad（寬闊）的意思。而他後來的著述與思考，果然都無愧於這個外號。柏拉圖是蘇格拉底的學生，蘇格拉底平生沒有著述，所有的思想都是透過柏拉圖的著作，和柏拉圖的思想結合呈現的。而一如柏拉圖許多著作，《理想國》一書也是以蘇格拉底和別人的對話而展開的。

如我們從書名就可以想像，這本書是柏拉圖對政治理想的一個闡述。柏拉圖為什麼會就政治展開這一番哲學的思考，不妨從他在《第七封信》中的自述看一個端倪：

我年輕的時候，也有跟其他許多人相同的經歷，我希望自己成年後立即參與政治生活。但當這樣的時際到來時，政治形勢卻發生……變化。

柏拉圖描述了一些包括蘇格拉底被誣陷致死等混亂情勢後，接著這麼說：

我思考著這些事情，思考著這些人治理城邦的方式，思考著他們的法律與習俗。……由於我們的城邦已不再按祖先制定的原則和制度來統治，要進行公正的治理實在不是易事……除此而外，成文法和習慣皆被敗壞，世風急轉直下。……我變得頭暈目眩，迷茫不知所從。……直到最後，看看所有現存的城邦，我意識到它們都處於極壞的統治之下，它們的法律已經敗壞到無可救藥的地步……我不得不宣告，必須頌揚正確的哲學，通過它一個人可以認識到公眾生活和私人生活中的各種正義的形式。因而，除非真正的哲學家獲得政治權利，或者城邦中擁有權力的人，由於某種奇蹟，變成了真正的哲學家，否則，人類中的罪惡將永遠不會停止。

這是柏拉圖研究哲學的原由，也可以看作是他撰寫《理想國》的起由。也因此，《理想國》絕不只是一本光談論政治的書。這本書可以說是有兩個特色，一個精神。兩個特色是：第一，書中議題涵蓋之廣，令人瞠目結舌，家庭、婚姻自由、獨身、獨裁、共產、民主、宗教、道德、文藝、教育、兩性問題，無所不包；第二，全書的進行方式不是論說，而像是戲劇，像是對話，間或有的寓言，更是生動之極。這本書的一個精神則是：正義的國家雖然不見得可以達到，但是正義的人是可以達成的。只有當正義的人達成的時候，正義的國家也就會達到。而對一個正義的人來說，這本書裡所談的，不是最高的標準，而是最低的標準。從這個角度來看，《理想國》的書名，其實更可以譯為《理想人》。

不論從今天我們處身時代的特質，還是不應該錯過這樣一本思想珍寶的角度，《理想國》都是一本必須拿起來一讀的書。只要拿起來，只要打開，我們就會發現，作者在二千五百年前展開的這場對話，一直在很輕鬆地等待我們的參與。（傅凌）

《歷史：希臘波斯戰爭史》（*Historiae*）
希羅多德（Herodotus）／著　王以鑄／譯（台灣商務）

這是公元前五世紀希臘歷史學家希羅多德所撰寫的，敘述公元前六至五世紀波斯和希臘城邦發生戰事的一部歷史名著。這是西方最早的一部歷史著作，因此即使羅馬著名思想家西賽羅認為希羅多德的《歷史》，不無編造之處，但仍認為他是「歷史之父」。

《歷史》共由九卷所組成，大致可分成兩部分：前半部以希波戰爭為骨架，用它來貫穿許多同正文關係不大的傳說、故事、地理、人種志等的記述，後半部才開始敘述戰爭本身。前五卷主要是街頭巷尾的傳說彙編，輔之以實地勘查的材料，後四卷則是出自參與希波戰事者的敘述，但多數還是輾轉的傳聞，因此在後代的史學家眼中，《歷史》缺乏歷史學應該強調真實特質。

不過，若從歷史學的奠基者的角度來看，《歷史》仍然是一部具有里程碑意義的著作。希羅多德和他之前的紀事散文家（Logographer）不同的是，他對史料開始有了批判態度，他所使用的「歷史」一詞，便有「研究」、「探索」之意。此外，雖然《歷史》記載了不少傳說，而被後世史家如修昔底德嘲弄，但曾經到過許多地方而被稱為「旅行家之父」的希羅多德，卻實地調查了不少資料，並且加上自己的見聞，因此基本上他對史料採取的是實事求是的態度，而且相較於後來希臘人對於外族的偏見，《歷史》對異族的態度是更為公正的。

從口耳相傳到以文字紀錄下來，希羅多德之前的紀事散文家已經朝向歷史的雛形行走，希羅多德進一步確定了所謂「歷史」就是要記錄重大事件以及其前因後果，同時希羅多德也摸索了史料收集與判斷的方法，並嘗試了書寫的文體。從歷史先驅者的角度來看，《歷史》具有歷史學上的意義，而從這部作品以生動的文字敘述了當時種種傳說、風土習俗與戰爭過程，則又兼具了文學上的價值。（徐淑卿）

《伊利亞特》（*Iliad*）
荷馬（Homer）／著　羅念生、王煥生／譯（貓頭鷹）

兩千多年來，西方文學都受到希臘一個盲眼詩人的影響。

公元前八或九世紀，希臘最偉大的詩人荷馬以傳統的口述方式完成了《伊利亞特》和《奧德賽》，前者處理的是長達十年的特洛伊戰爭；後者講的是戰爭結束後，英雄奧德修斯在外流浪十年後返鄉的故事。兩部鉅著，分別扣住人類存在必須面對的問題和追尋。

《伊利亞特》裡，特洛伊戰爭長達十年。捲入這場漫長征戰的不僅是傷亡慘重的古希臘人和特洛亞人，還有在雲端觀戰的希臘諸神。整部史詩以一個人的憤怒為重心。荷馬以阿基琉斯憤怒的原因，過程和消解為敘事始末，描述戰爭進行到第十年，約五十天內發生的事件，再適時補綴十年內戰爭的源由與過程。戰爭起源於一場爭吵：三位女神赫拉、雅典娜和維納斯為了得到上面有「給最美的女神」字樣的金蘋果，從此引發了特洛伊戰爭。當凡人征戰時，諸神也從奧林匹亞山頭俯身觀看，參與賭注，左右凡人的命運。在荷馬盲眼中，諸神亦如凡人，祂們任性懦弱自私，可是祂們永生不死，所以即使隨意干預人類命運，讓無數無辜之人死去，祂們隨後依然可以悠然歡樂，將人們的痛苦置之度外；而英雄亦如神明，即使在短暫的生命裡飽受命運的折磨，精神卻可以不朽。

荷馬在這部作品裡傳達出希臘人的智慧：人會因為自己的弱點而受苦，但即使痛苦，也充滿生命的活力與喜悅。這是身而為人的悲劇：要不就死去，擁抱死亡後的一無所有；要不就痛快地活，體驗生命的殘酷——深諳生命底蘊的希臘人認為，那當中有一種眩目的美。（Clain）

《Ancient Worlds, Modern Reflections: Philosophical Perspectives on Greek and Chinese Science and Culture》
G. E. R. Lloyd／著　（Oxford）
古代希臘文明最燦爛的階段，大約是公元前第五到第三世紀的時候，也是中國春秋戰國的階段。這個階段希臘所奠定的基礎，是時至今日整個西方文明的起源；而這個階段中國所奠定的基礎，也是影響其後數千年的文明根源。本書書名《古代世界與現代思考：希臘與中國科學及文化的哲學探討》，很清楚地點出作者的企圖，以及全書內容引人入勝之所在。
有關這本書的詳細介紹，請參見本書第67頁張隆溪先生所作的介紹，這裡不另贅述。（傅凌）

《蘇格拉底的審判》（The Trial of Socrates）斯東（I.E.Stone）／著　董樂山／譯（牛津）
對於追索言論自由源頭的著名報人斯東而言，蘇格拉底站在法官面前受審的景象讓他痛心，他想知道像雅典這樣一個自由的社會，怎麼會發生蘇格拉底的審判？雅典怎麼會這麼不忠於自己呢？七十高齡才又重新學習希臘文的斯東，到八十歲去世之前，終於對這個讓他倍感折磨的疑惑，提出了自己的解釋，而這也是本書的由來。
斯東認為，蘇格拉底是在哲學的三個根本問題上和雅典的民主政體發生矛盾，像是個人與政治的關係等。蘇格拉底蔑視雅典的民主制度，而這與雅典人當時所享有的民主和自治的權利基礎背道而馳，這是蘇格拉底之所以站上法庭的原因，而蘇格拉底寧死也不願意援引雅典信奉的言論自由原則，是希望藉由這場審判讓雅典違反自己的傳統精神，蘇格拉底達到了這個目的。（徐淑卿）

《悲劇的誕生》尼采（Friedrich Nietzsche）／著　劉崎／譯（志文）
什麼是希臘悲劇？希臘悲劇如何產生？希臘悲劇對希臘，乃至於全人類的意義是什麼？尼采在這本書裡有充滿活力的見解。由太陽神阿波羅及酒神戴奧尼修斯結合而成的希臘悲劇精神，是美感與力量的綜合。它能為人類帶來淨化及提升，讓人從悲觀主義中跳出，繼而肯定生命，擁抱生命。例如看悲劇時，一種形而上的慰藉就產生讓生態暫時逃脫世態變遷、紛擾的神奇力量。
肯定希臘悲劇的尼采，因此不認同蘇格拉底強調知識及理智的說法。本書同時是認識尼采哲學的源頭。（詮斐）

《在智慧的暗處》（In the Dark Places of Wisdom）彼得‧金斯利（Peter Kingsley）／著　梁永安／譯（立緒）
一般談到西方哲學，總是不能不提到柏拉圖的貢獻。但在他之前，哲學世界是如何的面貌？那個源流是被柏拉圖繼承了還是被截斷改了方向？本書結合了考古、神話與哲學，呈現了柏拉圖不為人知的另類影響。以更早的哲人巴曼尼德斯為主角，從他的身世、他的詩篇中所提到的一個神祕旅程，還原了那個時代──兩千五百年前的古老智慧。在這個重新發現西方哲學之父的過程中，我們也接觸了一段被刻意遺忘、甚或竄改的西方文明之源，而將之「推向智慧暗處」的，作者指向了柏拉圖。（藍嘉俊）

希臘的神話與歷史

《奧德賽》（Odyssey）荷馬（Homer）／著　王煥生／譯（貓頭鷹）
本書描述奧德修斯在特洛伊戰爭結束後，歷經千辛萬苦才返回家園的故事。途中，他遭遇各種強大的阻撓與人性上的誘惑，包括暴風雨、獨目巨人、女妖等，處處考驗著奧德修斯的體力、勇敢與智慧。除了外在旅程上的返鄉，奧德修斯的返家也表達內在的自我認同。當奧德修斯回到家，他等於也找到了真正的自我。
影響歐洲文學甚深的《奧德賽》，全書以韻文寫成，在閱讀上有種詩歌般的節奏，算是讓人容易親近的經典文學。（詮斐）

《希臘羅馬神話故事》（Mythology）愛笛絲‧赫米爾敦（Edith Hamilton）／著　宋碧雲／譯（志文）
對於世界的誕生與人類的出現，不同文明有其特別的詮釋，而古希臘文明則以希臘神話成為整個西方文明的基礎，神話記錄著遠古時代的生活，提供現代人類發掘那已然消失的文化基礎。
赫米爾敦撰寫本書，從創世紀開始，諸神如何建立宇宙的力量，和早期人類英雄事蹟、愛情和冒險故事、特洛伊戰爭以及後來成為許多文學主題的奧德修斯與伊底帕斯的旅程，提供了綜觀希臘神話的基本概念，此外他並述及其他陸續加入的小神話和北歐神話，讓其內容更加豐富。（莊琬華）

《宇宙、諸神、人：為你說的希臘神話》（L'univers les Dieux les Hommes）

凡爾農（Jean-Pierre Vernant）／著　馬向民／譯（貓頭鷹）

這是一本「希臘神話故事書」，作者凡爾農精通古希臘哲學、神話、悲劇、歷史與宗教，他特別以口語敘述的方式撰寫本書，從宇宙的起源開始，神與人的誕生和彼此間的關係、糾葛，每一則神話故事都像章回小說般讓人欲罷不能。

但是除了講述原始的希臘神話故事之外，作者也述及其背後所蘊含的文化意義、在希臘文化結構中的位置，以及由此源起的種種影響，深入淺出的方式，讓讀者在希臘諸神的複雜系譜中，能有全面而清晰的理解，而不再只是看到一堆名詞結合成的古希臘文學。（莊琬華）

《希臘神話與傳說》（Gods and Heroes）斯威布（Gustav Schwab）／著（人民文學）

希臘神話自荷馬詩以降，隨著時間的綿延以及空間的擴大，結合越來越多的內容，而形成龐大博雜的神話體系，其間人物、事件關係錯綜複雜，但是往往以諸神的故事為敘述主線。

德國詩人斯威布則從人的位置出發，以普羅米修斯創造人類開始，潘朵拉的出現，人類由光明幸福的時代進入黑暗爭戰的毀滅，在諸神的操弄下，即使是人類的英雄，也難逃命運的控制，但是也因為如此，希臘神話於是成為不朽的作品，展示千百年來人類的歷史原型。（莊琬華）

《哭喊神話》（The Cry for Myth）羅洛·梅（Rollo May）／著　朱侃如／譯（立緒）

譯者在序文裡直截地告訴我們，本書回答了三個問題：為什麼讀神話？神話與我們有什麼關係？讀了神話有什麼用？神話看似在我們生活中逐漸退位，但是在我們生存所面臨的各種處境中，卻或局部或變形地重演了神話故事裡的某一情節。就像薛西弗斯的神話，不僅可以和「大亨小傳」裡的蓋茲比和美國夢呼應，甚至在我們感覺人生是無意義的徒勞時，獲得一種共鳴與超越的力量。

誠如作者所言：「神話是賦予人類存在重要性的敘事模式。」我們透過神話來尋找自我與人類命運的一種關聯，而本書則讓我們了解神話在當代所具有的意義。（徐淑卿）

《伯羅奔尼撒戰爭史》（History of the Peloponnesian War）

修昔底德（Thucydides）／著　謝德風／譯（台灣商務）

想明白：伯羅奔尼撒戰爭的始末及雅典與斯巴達在當時各是扮演了什麼角色，希臘人如何從事戰爭並如何絮絮叨叨地進行外交的演講，以及希臘人的信仰又是如何地影響到他們的決策與行動過程並因此而造成了什麼樣的悲劇，而身為雅典將軍的修昔底德又是如何來看待這一切事情，這些疑問的答案，本書都提供了最真實的解答。「修昔底德在他的著作中不是單純地敘述歷史事件的經過，而是在他的具體敘述中力圖揭露歷史事件中的因果關係，這是他對於史學的一個巨大的貢獻。」因而本書的名氣並不下於希羅多德的《歷史》，兩者都是了解希臘文明的必讀書籍。（墨壘）

《希臘城邦制度》顧准／著（網路與書即將出版）

「當妳讀完〈希臘城邦制度〉以後，將會對作者及其研究成果感到敬佩。……在看來已有定論的學術領域，他另闢蹊徑，對古代希臘和古代中國作了比較研究，提出了引起史學界重視的見解。」那麼克里特文明究竟源自何處？希臘的官制與兵制與中國或其他東方政體，又有多少差異？希臘城邦與「東方專制主義」又有何不同？希臘城邦制度真的源自於氏族社會嗎？斯巴達為何會是個變例？希臘人的航海技術到底是從腓尼基人處學得，還是腓尼基人從希臘人處學得？這些問題，都可以在本書中獲得一個令人稱道的解答，值得細讀。（墨壘）

《希臘史：歐洲文明的起源》劉增泉／編著（三民）

如果要找一本頁數不厚，可以比較輕鬆地把希臘的歷史瀏覽一遍的書，那麼可以選這一本了。

這本書從希臘古代時期的邁諾安文明時期講起，一路到城邦時代、希臘化時代、中古時代，再到近代與當代，在歷史演進的層面上，有一個梗概的介紹。尤其土耳其統治下的希臘，雖然是從第八章開始，只占全書三章，但是頁數卻幾占全書一半，因此對近代與當代希臘的變化，有相當仔細的描繪。希臘的地理特質複雜，各種歷史變化的背景也特別複雜，一不注意就容易迷糊，這本書勾勒的輪廓很簡單，可以抓到一些重點。（傅凌）

《莎弗》（Sappho）蘭西・佛瑞曼（Nancy Freedman）／著　柔之／譯（新雨）

莎弗是古希臘著名的女詩人，生活於公元前七至六世紀，被柏拉圖譽為第十個繆斯女神。她出生於萊茲波斯島（Lesbos），這也是日後女同性戀者（Lesbian）一詞的來源。莎弗傳世的詩歌不多，生平事蹟更接近傳說，多為她去世後數百年才出現的記述。作者試圖以小說的形式還原莎弗的生平與當時的希臘社會，本身就是一個再創造的嘗試，作者為我們描繪了她所理解的莎弗，對喜歡古希臘與莎弗的讀者來說，這是一本有趣的歷史小說。（徐淑卿）

《古希臘戲劇選・悲劇篇》

埃斯庫羅斯（Aeschylus）、索福克勒斯（Sophocles）、歐里庇得斯（Euripides）／著　羅念生／譯（木馬）

本書收錄三位古希臘悲劇作家的六部作品。分別是埃斯庫羅斯〈被縛的普羅米修斯〉、〈阿伽門農〉；索福克勒斯〈安提戈涅〉、〈奧狄浦斯王〉；歐里庇得斯〈美狄亞〉、〈特洛雅婦女〉。

埃斯庫羅斯被稱為「悲劇之父」，他主要以神話為題材，觸及當時各種重大社會問題。索福克勒斯則是利用神話傳說，塑造一系列理想的人物形象，而被亞理斯多德形容為，他的悲劇是按照「人應當有的樣子」作為描寫原則。歐里庇得斯喜歡在悲劇中發表議論，因而被稱為「舞台上的哲學家」，他善於描寫人物心理，尤其是女性心理。這幾部作品可說是古希臘悲劇的代表作，也是了解古希臘人對人類處境等議題看法的必讀之作。（徐淑卿）

《發現安哲羅普洛斯》Michel Ciment、Helene Tierchant／著　郭昭澄、陸愛玲／譯（遠流）

導演安哲羅普洛斯是一位詩人，只是他用電影寫詩，而他的電影，則是發生於希臘歷史時空的故事，這些故事出自於導演的日常生活經歷，但卻是構築在百年來希臘的社會、文化之中，透過電影的凝視，可以看到希臘藍天碧海面紗之下隱藏的重量。

本書是對於他每一部電影的解讀與研究，以及與導演的訪談紀錄，藉此不僅能更加了解電影，同時也讓電影背後蘊含的意義更清楚地彰顯出來，展現一個真實的現代希臘。（莊琬華）

《地中海風格居家》江鈺齡／編（麥浩斯資訊）

藍白等亮麗的色彩，拱門、馬賽克拼貼、鮮綠植栽與自然質材，這些天然隨性的組合都是「地中海風格」的元素。它從西班牙、摩洛哥、南法、義大利，一直蔓延到希臘愛琴海諸島嶼，雖然遠在地球彼端，本書卻教你如何將之帶到居家環境之中。小至鑄鐵銀葉燭台、貝殼海洋鏡框的製作，大到牆面、家具的選擇，以及視覺延伸感的經營及空間區隔，本書皆有大量的圖片輔助說明。從一些住屋及店家的案例看來，你真的會相信，地中海好像沒那麼遠。（藍嘉俊）

《橄欖：點亮地中海文明的聖物》（Olives：The Life and Lore of a Noble Fruit）

蒙特・羅森朗（Mort Rosenblum）／著　謝綺蓉／譯（藍鯨）

希臘神話傳說中，宙斯出了一個考題讓海神波賽東與女神雅典娜去爭奪希臘，就是誰能給予希臘最需要的東西，就獲得勝利。只見雅典娜輕拍地面，橄欖樹苗便從地面冒出，贏得眾人喝采，因此雅典娜從此便成為希臘的守護神，並將城市更名為「雅典」。當然有另一個版本則是宙斯之子赫丘力士（Hercules）將權仗插在貧瘠的土地上，橄欖樹因此孕育而生。

地中海沿岸特殊的地形和氣候，造就出橄欖樹獨有的生命力及對人類的貢獻，因此被奉為生命之樹。或許當了解到希臘文化對後人的影響有多深時，就可以體會到這本書每一章節所提及有關橄欖的故事是多麼令人讚嘆不已。（亨利）

《地中海輕食》（Mediterranean Flavor）謝宜榮／著（積木）

地中海自古以來就是文化薈萃的地區，更是美食的重地。包括義大利、西西里島、普羅旺斯、巴賽隆那、土耳其等地的南歐飲食，無不令人食指大動。地中海飲食的特色在於以穀物為主，搭配蔬菜、水果與魚貝類，以橄欖油烹調，並大量使用益於健康的香草植物。《地中海輕食》依照春夏秋冬四季與美味醬汁特集編排，收集了七十道地中海簡單料理，每道菜幾乎只需兩三個步驟即可完成，在輕鬆的過程中，讓讀者可以享受輕盈而美味的地中海蔚藍口感。（奈勒斯）

希臘的生活旅遊

《新生命密碼》藍寧仕（Dimitrios Lenis）／著（大塊）

大材小用、懷才不遇是人生最苦惱的事，但要展現出自己的長才，首先要能了解每個人的才能並做適當的發揮。天賦的才能有如隱晦在石頭裡的璞玉，要將天賦開發出來得有另一番自我察覺的助力。「生命密碼」可以算出一個人的性格特質、天賦才華、性格中的衝突與矛盾。這一套運用數字來解釋人事特質的「數字學」，源自於古希臘數學鼻祖畢達哥拉斯的理論。《新生命密碼》作者更以多年的觀察提出了更新、更深入的「黃金三數法」來解讀數字命盤，使讀者能更精確地運用數字學的理論來認識自我，發揮潛能。（林盈志）

《我的心遺留在愛琴海》Justin／著（大塊）

白得有點過分的小房子、慣對鏡頭的貓、蹦蹦跳跳的小女生，藍色、藍色繼續還有藍色……這就是Justin鏡頭下的愛琴海。原本只是在SARS陰影濃罩下的一個即興念頭，但憑著「說到的事情一定會努力去做」的熱情，於是便催生了一個十二天的希臘之旅，一千四百張照片的誕生。這個希臘遊記並沒有什麼離奇的遭遇，只有「天天都是驚嘆！」不禁覺得，上帝造世界也未免太不公平了吧！Justin鏡頭下的愛琴海，也許是藍天白屋招牌式的愛琴海，但此書的熱賣，反映城市人希望逃離鋼筋森林、暫時做個悠遊的希臘人的渴望。愛琴海、愛情海，這個愛神誕生的人間天堂，好像應該和一位情人一起上路，但Justin的經驗告訴大家，只帶一部相機上路也很不錯！（冼懿穎）

《赫丘力士之柱：周遊地中海》（The Pillars of Hercules：A Grand Tour of the Mediterranean）

保羅‧索魯（Paul Theroux）／著　薛璞／譯（馬可孛羅）

如果說絲路之旅是東西交流的媒介，那想要了解希臘文明，就應該來一趟地中海之旅，因為整個地中海可以說是西方文明的起源，而西方文明正是從希臘誕生。

就如同中國神話裡所提及的地名由來般的有趣，扼守整個地中海的出入口——直布羅陀海峽兩端的兩個地方，正以希臘神話中赫丘力士的第十件苦勞去命名，稱之為赫丘力士之柱。

環繞整個地中海如此多的國家，不同的民族，及如此多元的地理環境，卻可以從作者的腳步中去發覺到當地的文化，是本書最大的特色。如果說想要有一趟深刻的文明之旅，或許可以從閱讀本書開始。（亨利）

《希臘》（Discovery知性之旅叢書）陳慧娟／譯（協和國際）

旅遊指南指引旅行者如何接觸陌生國度，讓遊客依循書籍的思路導覽風土民情。西方文明的濫觴——希臘，就在Discovery鉅細靡遺的指引下呈現萬種風情。遠從上古文明到二十世紀，多種族不斷入侵、融合的歷史綜觀；希臘正教深化民間夾雜其他宗教催化的庶民百態；近代觀光業對當地的衝擊；境內自然景致與百年古蹟的詳實描述；旅行者不可或缺的食住行各類資訊索引等等，無所不包。透過圖文並陳的方式，深度與廣度兼具，也讓藍頂白牆等於整體希臘的迷思，產生翻轉的機會。（黃佳慧）

《我的家人與其他動物》（My Family and Other Animals）

傑洛德‧杜瑞爾（Gerald Durrell）／著　唐嘉慧／譯（大樹）

從兒童的角度觀察自然環境與各種生物，本來就充滿天真與童趣，何況地點還是在陽光與綠茵處處的希臘科孚哥，作者還是一生與動物為伍的知名保育人士杜瑞爾。

單純而直接的筆法，對生物細膩又敏銳的觀察，我們在字裡行間感受到作者無憂的童年，一如科孚島燦爛的陽光。當然，作者十分在乎我們對動物的尊重、對大自然的愛護。一如他部分的臨終遺言，「就我個人來說，一個沒有鳥，沒有森林，沒有各式各樣、大大小小動物的世界，我寧願不要活在其中」。（詮斐）

Net and Books 網路與書的書目

0 試刊號

>特集
閱讀法國

從4200筆法文中譯的書單裡，篩選出最終50種閱讀法國不能不讀的書。從《羅蘭之歌》到《追憶似水年華》，每種書都有介紹和版本推薦。
定價：新台幣150元

存量有限。請儘速珍藏這本性質特殊的試刊號。

1 《閱讀的風貌》

試刊號之後六個月，才改變型態推出的主題書。第一本《閱讀的風貌》以人類六千年閱讀的歷史與發展為主題。包括書籍與網路閱讀的發展，都在這個主題之下，結合文字與大量的圖片，有精彩的展現。本書中並包含《台灣都會區閱讀習慣調查》。
定價：新台幣280元，特價199元

2 《詩戀Pi》

在一個只知外沿擴展的世界中，在一個少了韻律與節奏的世界中，我們只能讀詩，最有力的文章也只是用繩索固定在地面的熱氣球。而詩則不然。
（人類五千年來的詩的歷史，也整理在這本書中。）
定價：新台幣280元

3 《財富地圖》

如果我們沒法體認財富、富裕，以及富翁三者的差異，必定對「致富」一事產生觀念上的偏差與行為上的錯亂。本期包含：財富的觀念與方法探討、財富的歷史社會意義、古今富翁群像、50本大亨級的致富書，以及《台灣地區財富觀調查報告》。
定價：新台幣280元

4 《做愛情》

愛情經常淪為情人節的商品，性則只能做，不能說，長期鎖入私密語言的衣櫃。本期將做愛與愛情結合，大聲張揚。從文學、歷史、哲學、社會現象、大眾文化的角度解讀「做愛情」，把愛情的概念複雜化。用攝影呈現現代關係的多面，把玩愛情的細部意味。除了高潮迭起的視聽閱讀推薦，並增加小說創作單元。
定價：新台幣280元

5 《詞典的兩個世界》

本書談詞典的四件事情：
1).詞典與人類歷史、文化的發展，密不可分的關係。2).詞典的內部世界，以及編輯詞典的人物與掌故。3).怎樣挑選、使用適合自己的詞典——這個部分只限於中文及英文的語文學習詞典，不包括其他種類的詞典。4).詞典的未來：談詞典的最新發展趨勢。
定價：新台幣280元

6 《移動在瘟疫蔓延時》

過去，移動有各種不同的面貌與定義。冷戰結束後，人類的移動第一次真正達成全球化，移動的各種面貌與定義也日益混合。2003年，戰爭的烽火再起，SARS的病毒形同瘟疫，於是，新的壁壘出現，我們必須重新思考移動的形式與內容。32頁別冊：移動與傳染病與SARS。
定價：新台幣280元

7 《健康的時尚》

這個專題探討的重點：什麼是疾病；怎樣知道如何照顧自己，並且知道不同的醫療系統的作用與限制；什麼是健康，以及如何選擇自己的生活風格來提升自己的生命力。如同以往，本書也對醫療與健康的歷史做了總的回顧。
定價：新台幣280元

8 《一個人》

單身的人有著情感、經濟與活動上的自由，但又必須面對無人分享、分憂或孤寂的問題。不只是婚姻定義上的單身，「一個人」的狀態其實每個人都會遇到，它以各種形式出現，是極為重要的生命情境或態度。在單身與個人化社會的趨勢裡，本書探討了一個人的各種狀態、歷史、本質、價值與方法。
定價：新台幣280元

國家圖書館出版品預行編目資料

我的人生很希臘＝ All Greek. ／黃秀如主編.
--初版.-- 臺北市：網路與書,
2004〔民93〕
面； 公分.--（Net and Books 網路與書
雜誌書：12）
ISBN 957-29567-3-6（平裝）
1. 希臘-人文
740.215   93012600

9《閱讀的狩獵》

閱讀就是一種狩獵的經驗。每個人都可以成狩獵者，而狩獵的對象也許是一本書、一個人物、一個概念。這次主要分析閱讀的狩獵在今天出現了哪些歷史性的變化、獵人各種不同的形態、細味他們的狩獵經驗、探討如何利用各種工具有系統地狩獵，以及回顧過去曾出現過的禁獵者及相關的歷史。這本書獻給所有知識的狩獵者。
定價：新台幣280元

10《書的迷戀》

從迷戀到痴狂，我們對書的情緒有著各種不同的層次。本書要討論的是，為什麼人對書的實體那樣執著？比起獲取書裡的知識，他們更看重擁有書籍的本身。中西古書在形態和市場價值上差別如此大，我們不能不沉思其背後的許多因素。本書探討：書籍型態的發展、書痴的狂行與精神面貌、分享他們搜書、藏書和護書經驗，及如何展現自己的收藏。
定價：新台幣280元

11《去玩吧！》

玩，就是一種跳脫制式常軌的狀態或心情。玩是一種越界。雖然玩是人的天性，卻需要能量，需要學習。本書分析了玩的歷史與文化，同時探討的各種層次：一生的玩，結合瘋狂與異想；一年的玩，結合旅行與度假；一週的玩，作為生活節奏的調節與抒解；每天的玩，一些放鬆與休息。藉此，勾動讀者想玩的心情與行動。
定價：新台幣280元

12《我的人生很希臘》

古希臘以輝煌的人文和科學成就，開歐洲思想風氣之先，而今日希臘又以藍天碧海小白屋，吸引全世界人們流連忘返。其實，希臘不必遠求，生活週遭處處都隱含著希臘之光。到底希臘的魅力何由而生？希臘的影響又有多麼深遠？看了這本書你就會了然於心。
定價：新台幣280元

Net and Books 網路與書
訂購方法
1. 劃撥訂閱
劃撥帳號：19542850　戶名：英屬蓋曼群島商 網路與書股份有限公司 台灣分公司

2. 門市訂閱
歡迎親至本公司訂閱。　台北：台北市105南京東路四段25號10樓之1。
營業時間：週一至週五上午9：00至下午5：00

3. 信用卡訂閱
請填妥所附信用卡訂閱單郵寄或傳真至台北(02)2545-2951。
如已傳真請勿再投郵，以免重複訂閱。

信用卡訂購單

本訂購單僅限台灣地區讀者使用。台灣地區以外讀者，如需訂購，請至www.netandbooks.com網站查詢。

□訂購試刊號　　　　　定價新台幣150元×＿＿冊=＿＿＿＿元　□訂購第7本《健康的時尚》　定價新台幣280元×＿＿冊=＿＿＿＿元

□訂購第1本《閱讀的風貌》　定價新台幣199元×＿＿冊=＿＿＿＿元　□訂購第8本《一個人》　　定價新台幣280元×＿＿冊=＿＿＿＿元

□訂購第2本《詩戀Pi》　　定價新台幣280元×＿＿冊=＿＿＿＿元　□訂購第9本《閱讀的狩獵》　定價新台幣280元×＿＿冊=＿＿＿＿元

□訂購第3本《財富地圖》　定價新台幣280元×＿＿冊=＿＿＿＿元　□訂購第10本《書的迷戀》　定價新台幣280元×＿＿冊=＿＿＿＿元

□訂購第4本《做愛情》　　定價新台幣280元×＿＿冊=＿＿＿＿元　□訂購第11本《去玩吧！》　定價新台幣280元×＿＿冊=＿＿＿＿元

□訂購第5本《詞典的兩個世界》定價新台幣280元×＿＿冊=＿＿＿＿元　□訂購第12本《我的人生很希臘》定價新台幣280元×＿＿冊=＿＿＿＿元

□訂購第6本《移動在瘟疫蔓延時》定價新台幣280元×＿＿冊=＿＿＿＿元

□預購第13本至第24本之《網路與書》(不定期陸續出版)　特價新台幣2800元×＿＿＿套=＿＿＿＿＿元

以上均以平寄，如需掛號：

□試刊號與《閱讀的風貌》、《詩戀Pi》、《財富地圖》、《做愛情》、《詞典的兩個世界》、《移動在瘟疫蔓延時》、《健康的時尚》、《一個人》、《閱讀的狩獵》、《書的迷戀》、《去玩吧！》、《我的人生很希臘》每本加收掛號郵資20元。

□預購第13本至第24本，每套加收掛號郵資240元。

訂 購 資 料		
姓名：	生日：	性別：□男　　□女
身分證字號：	電話：	傳真：
E-mail：	郵寄地址：□□□	
統一編號：	收據地址：	

信 用 卡 付 款		
卡　別：□VISA　　□MASTER　　□JCB　　□U CARD		
卡　號：＿＿＿＿＿＿＿＿＿＿＿＿＿＿　有效期限：200　年　　月止		
持卡人簽名：＿＿＿＿＿＿＿＿＿＿　(與信用卡簽名同)		
總 金 額：＿＿＿＿＿＿＿＿＿＿＿＿發卡銀行：＿＿＿＿＿＿＿＿＿＿＿		